めんどうな人をサラッとかわす本

精神科医
ゆうきゆう

三才ブックス

CASE1
かまってさん
あ！やっとお昼だ！
♪
手づくり？えらいねー！
節約節約♪
外行ってくるね
センパーイご一緒していいですかー？
買ってきたんです
げっ
もぉーセンパイ聞いてくださいよー！部長ったら顔見るたび「太ったか？」って聞いてきてこれってセクハラですよね？しかもーわたしってそういうのすごく気にしちゃうタイプだからー…
ぺちゃ
ぺちゃ
ぺちゃ
ぺちゃ
ぺちゃ
だから今日もパン1個しか買えなくてー
これで倒れたら部長のせいですよねー
た…大変だね
ま、とかいって夜めっちゃ食べちゃうんですけどねー
あははは
チッ
チッ
チッ
チッ
じゃ！午後も頑張りましょう♪
げっそり…
せっかくのお昼休み
外で食べようかな

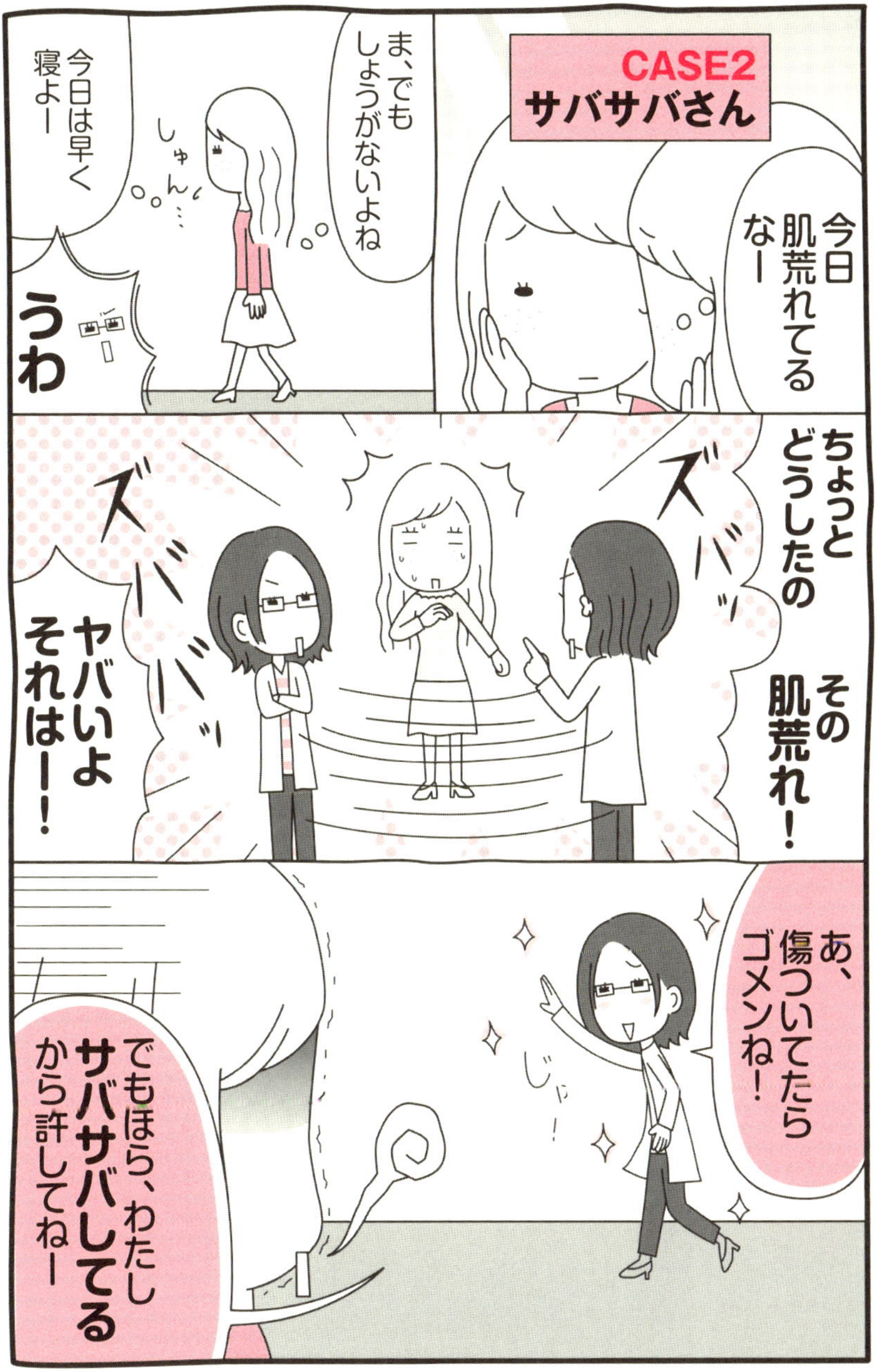
CASE2
サバサバさん
今日肌荒れてるなー
ま、でもしょうがないよね
しゅん…
今日は早く寝よー
うわ
ちょっとどうしたの
その肌荒れ！
ズババ
ズバババ
ヤバいよそれはー！
あ、傷ついてたらゴメンね！
じー
でもほら、わたしサバサバしてるから許してねー

CASE3
熱すぎ部長
よし
送信
カチッ
はぁー
なんとか終わったー!!
今週はキツかったなー
くぅ〜〜
みんなー
あしたは
野球大会でも
するかー
今週の土日は
ゆーっくり…
ガタ
!!
ん?
どうした?
うれしいか
やー…
あの僕ちょっと
疲れてるので
全然動けないかと…
大丈夫だよー
動けば疲れも
飛ぶよ!
それに…本当
へたっぴなんで…
あの…
だいじょーぶ!
俺がみっちり
教えてやるよ!

CASE4
悲しみを分け合う女子
あれ？おかしいなまだバイトの子達が来ない
おーい、みんな……
？
……ど、どうした!?
店長…いま大変なんです
かわいそうに…
ひっく
あんなやつ忘れちゃいなよ！
あの…事情を話してくれないとバイトも始まるし…
オロ
オロ
オロ
!!
キッ
店長サイッテー！
えー
……
なんて冷たいんですか!?
泣いてるんですよ！

CASE5
嫌な情報を提供する
おせっかいさん
サエさん!
あら
イイジマさん
おはよー
あのね、サエさん
言おうか
迷ったんだけどね…
実は幼稚園の先生が
サエさんがあまり
笑ってくれないから
怖いって言ってたの
ゴメンね
こんな
えっ!?
あの先生が…
いつもニコニコ
話しかけてくれるのに…!
サエさんはきっと
誤解されやすいのね
そんなことないのに
……
次の日
ニコ～
お…
おはよう
ございます!
わたし…
怖くないかな?

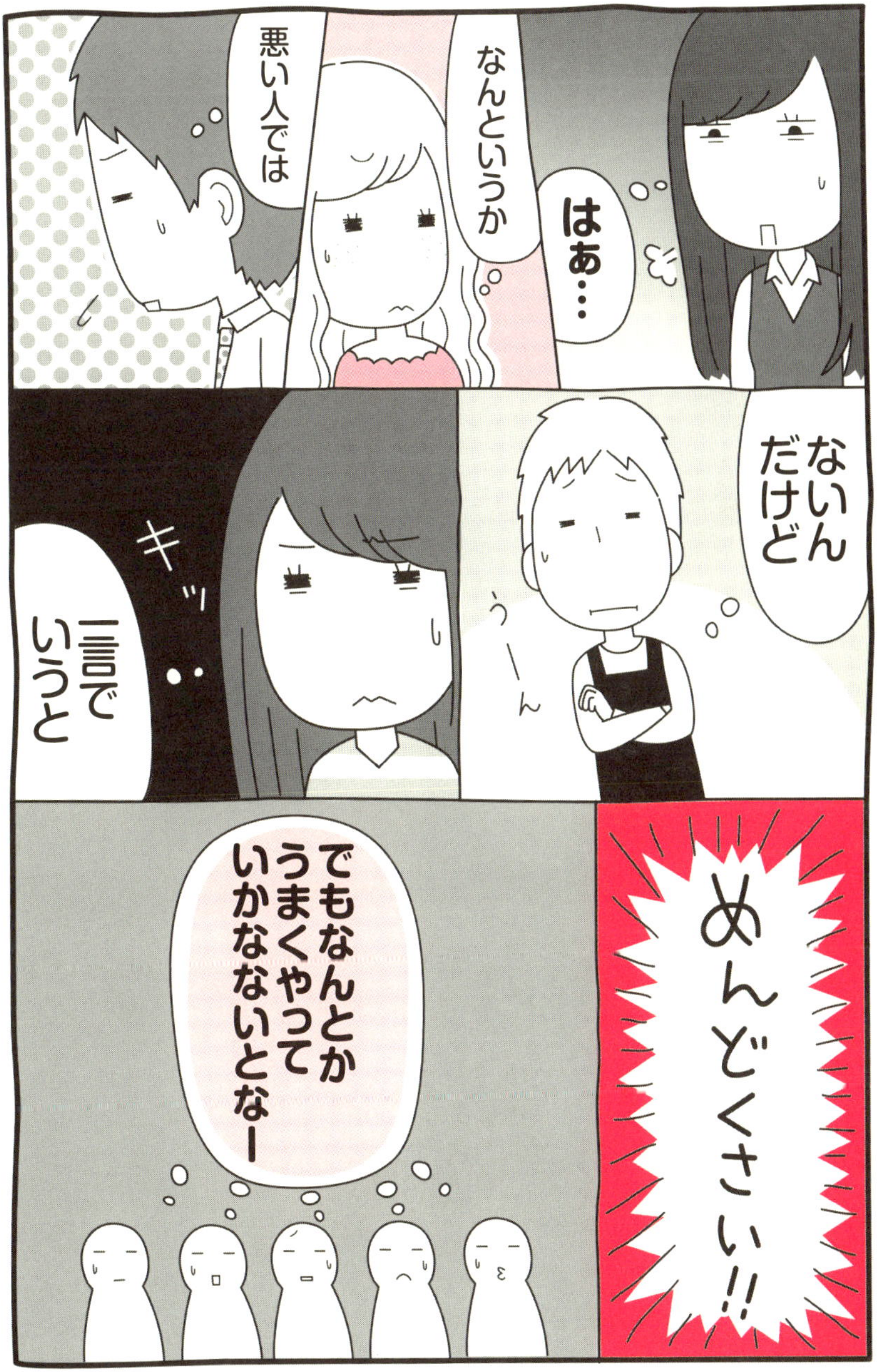
はぁ…
なんというか
悪い人では
ないんだけど
うーん
一言でいうと
キッ…
めんどくさい!!
でもなんとかうまくやっていかないとなー

はじめに

“めんどうな人”にひとりで悩む必要はない

「悪い人ではないんだけど、“めんどう”なんだよね……」

人間関係において、こんな風に感じること、よくありますよね。割り切ってお付き合いしていられるうちはいいのですが、一緒にいるときに、心がモヤモヤする、ざわつく、落ち着かない、といったことが続くと、その人に対する苦手意識がふくらんできます。

相手が「悪い人」ではないだけに、その思いも複雑です。職場の上司や同僚、仲のいいグループの友人、家族など、直接関わりのある人ならなおさらでしょう。そのうちに、「自分の性格が悪いから、相手のことを悪く考えるのかも」などと、自分を責めるようになってしまうかもしれません。

でも、そんな風に感じる必要はまったくありません。あなたがモヤモヤしてしまうのは、あなたではなく、相手に理由があるのです。

世の中にめんどうな人はたくさんいる

あなたの周りを見回してください。

職場、学校、近所、サークル、友人、それに家族や親戚などといったコミュニティには、ちょっと気の弱い人や自信を持てない人、相手に調子を合わせてしまう人が、必ず存在するでしょう。

そして、そんな人たちの心の内にズカズカと入り込む〝めんどうな人〟も必ず存在します。

上司や先輩、同僚など、社会的な付き合いを余儀なくされる職場にめんどうな人がいる場合は、立場上、無碍《むげ》にできなかったり、仕事を進めるうえで良好な関係の維持が必要であったりと、自分の判断だけでは行動できない問題も増えます。社会人である以上、ある程度の忍耐は求められますが、それで自分の心が弱ってしまうのであれば、解決策を考えたほうがいいでしょう。

また、めんどうな人が、親兄弟、義父母など、身内である場合もやっかいです。偏った価値観を当たり前のように押しつけられて、身動きが取れなくなります。付き合いは一生続くことになるので、ちょっとしたことが積み重なり、後々に大きなダメージとなることもあり得るでしょう。

放っておくとモヤモヤは増すばかり

めんどうな人は、〝親切〟や〝常識〟を建前にして、自分の言うことを聞き入れてくれるようなつけ込みやすい人に近づいてきます。

他人の気持ちを推し量ることなく、自分の都合ややりたいことを優先するため、他人が踏み込んでほしくない領域にいきなり土足で上がってくるでしょう。

逆に、自分に自信を持っている人、誰に対しても臆せず意見を言えるような人には、ある一定の距離を保って関わろうとしません。テリトリーに足を踏み入れると抵抗されるような相手には、積極的に近づかないはずです。

本書の前半では、めんどうな人の本性について、さまざまなケース・スタディをもとに展開しています。後半では、そんなめんどうな人たちと、どう付き合っていけば心穏やかでいられるか、その方法を紹介しています。

めんどうな人のさまざまな事例を見ながら、「こういう人、いるいる」と共感でき、そのうえでまた、あなた自身をふり返るきっかけになるかもしれません。

もし、いま、あなたがめんどうな人に対して、モヤモヤした気分、割り切れない思いを抱いているとしたら、いつまでもひとりで悩まないでください。

本書を読んで健やかな心を取り戻していただけたら幸いです。

２０１５年10月

ゆうきゆう

目次

マンガ　あなたの周りのめんどうな人……2
はじめに　〝めんどうな人〟にひとりで悩む必要はない……8

事例編

第1章　職場にいるめんどうな人

01 やたらとしつこく味方になりたがる同僚……18
02 連帯感が強すぎて周りを疲れさせる社員……25
03 どうでもいい小言を並べたてる上司……32
04 アドバイスがネガティブな先輩……40
05 いつでもどこでも会社が大好きな集団……48
06 かまってほしがりな〝わたし〟話の新人……55
07 一直線な思い込みで周囲を悩ます熱血部長……62

事例編

第2章 プライベートを脅かすめんどうな人

01 悪ノリがすぎて迷惑をかける友人……70
02 人の気持ちを省みず過剰に世話を焼く母親……77
03 サバサバアピールを積極的に行う先輩……84
04 協力するふりをして恋を横取りする友人……90
05 相手を持ち上げつつ実は自分自慢の同級生……97
06 聞きたくない情報を親切ぶって話すママ友……102
07 プロデューサー気分で考えを押しつける恋人……108
08 泣けば許されると思っている女子集団……114

認識編

第3章 めんどうな人がターゲットにする人

01 優柔不断で煮えきらず 心が揺れてしまう人 …… 124
02 相手の意見を受け入れ上手に合わせてしまう人 …… 127
03 失敗ばかり考えて自分に自信が持てない人 …… 130
04 周りの評価が気になってしまう人 …… 133

対策編

第4章 めんどうな人にモヤモヤしたときは

01 自分のなかのモヤモヤを正しく感じとる …… 138
02 ネガティブな感情を否定せずに受け入れる …… 141
03 周囲への気遣いはいったん忘れる …… 144
04 日記をつけて自分の感情を整理する …… 147
05 相手を変えるより自分が変わる …… 150

06 いろいろな集団に所属して逃げ場所をキープ …… 153

予防編

第5章 めんどうな人にならないために

01 自分もめんどうな人になっている可能性がある …… 158
02 集団に呑み込まれるとめんどうな人になる？ …… 162
03 自分がめんどうな人だと気づいたら …… 165
04 客観的な視点でめんどうな人化を阻止 …… 169
05 最終的に「自分は大丈夫」という思い込みをなくす …… 172

ブックデザイン　AD.渡邊民人　D.小林麻実（タイプフェイス）
イラスト　りゃんよ
編集協力　隈部那々子（株式会社オメガ社）
鈴木洋子

第1章

事例編

職場にいる めんどうな人

職場は1日の大半を過ごす場所であり、
ほとんど毎日同じ人と顔を合わせる場所でもあります。
そんななかに「めんどうな人」がまぎれこんでいると、
なかなかやっかい。
ここでは、職場にいるさまざまなタイプの
「めんどうな人」を紹介しましょう。

隠された支配欲に注意！

やたらとしつこく味方になりたがる同僚

01

味方ぶる人は先入観を植えつける

新しい環境に踏み込んだとき、親切に接してくれる同僚はありがたいですよね。でも、周囲に慣れてくると、その人に対して、だんだん「あれ？」と感じることが多くなる。こんな経験したこと、ありませんか。

【事例1】

「まだわからないことが多いと思うけど、がんばってね！」

新入社員のユウカさんに同じ部署のキョウコさんが声をかけます。ユウカさ

味方ぶってくる先輩の図

んは、自分のことを何かと気にかけてくれるキョウコさんを心から信頼していました。

キョウコさんは部署内の新人教育係なので、ユウカさんを気づかうのは当然なのですが、業務の指導以外にも、部署に所属しているほかの社員ひとりひとりの性格や接し方、信用していいのかどうかまで細かく教えてくれます。

同じ部署には挨拶しても無愛想な返事しかよこさない人もいたので心強くもあったのです。

ところが、仕事に慣れてくると、「あの人は絶対に信用しちゃダメ」と、キョウコさんから聞かされていた人が、口数が少ないながらも真面目に仕事に取り組む、信用できる人だとわかってきました。

キョウコさんの言っていることに違和感を覚え始めたユウカさんですが、キョウコさんは「何かあったら気軽に相談して！」と言ってくれるため、戸惑ってしまいます。

「味方ヅラ」の水面下には「人を支配したい」欲求

本人は意識していないかもしれませんが、キョウコさんの行動の裏には、他人を支配したいという欲求がチラホラとうかがえます。

穏やかでない表現と感じる人もいるかもしれませんが、「他人をコントロールしたい」という欲求は、誰でも無意識に持っているものなのです。

「いやいや、そんなこと考えたこともないよ！」と思う人もいるでしょう。

そう、この支配欲は、本人も無自覚な点がやっかいなのです。キョウコさんだって、「この娘を手なずけてわたしの支配下に置くわよ」とか、「ふふふ、洗脳してあげるわ」などとは決して考えてはいないでしょう。

無意識のなかに隠れた本性からの行動

初対面でいきなり「おまえを支配してやる！」などと本性をむき出しにして近づいていっても、反発されることはどんな人でもわかりますよね。だからこそ、無意識でありながらも味方のふりをして近づいてくるのです。

人は誰しも支配欲を隠し持っている

おそらくキョウコさんにとって、「信用しちゃダメ」と評価していた人は目障りな存在なため、「親切に教えてあげる」という形で、新人に悪評を流し込むことにより、自分の優位性を確保したかったのでしょう。

めんどうな人の言うことをすべて真に受けてしまうと、いつの間にか支配下に置かれてしまいます。「おや？」と思うことがあったらそれはサイン。見逃さないように注意しましょう。

ルールを決めると付き合いやすくなる

やたらと味方になりたがる人から自分の身を守るには、距離を置くという方法が一番手っ取り早く効果的です。要するに「逃げるが勝ち！」です。

これは、もちろん卑怯でもなんでもありません。むしろ理不尽ともいえる攻撃をかわすために、もっとも安全で有効な防御策です。

とはいえ、身内や同僚、友人など、身近であればあるほど、関係性をスパッと切るのは難しいもの。いきなり距離を置けないことも往々にしてあります。

そのような場合は、自分と相手との結びつき、自分へのダメージ、今後の関係などを考えたうえで、付き合いの期限や範囲を定めた「自分だけのルール」を作って、相手と接してください。

付き合いの期限や範囲を設ける

たとえば、ユウカさんの事例のように、同じ部署の先輩がほかの人の悪口を吹き込んできて不快に感じているなら、「新人研修が終わったら、業務報告以外は話さない」「いまの案件が片づいたら、この人とは関わらない」と期限を決めてみましょう。
また、おしゃべり好きなサークル仲間が、しつこく悩みを聞き出そうとしてきて困惑しているなら、「遊びや飲み会のときは会話を交わすけど、真面目な相談は絶対にしない」と付き合い方にはっきりと線を引くのも手です。

付き合いの期限や範囲が決まっていれば、味方になりたがるめんどうな人とどこまで向き合えばいいのかが明確なので、気持ちが楽になるはずです。

やたらと味方になりたがるめんどうな人にもタイプがいろいろあります。相手の性質をしっかりと見極めたうえで、「付き合うのは職場のみ」「年に1回だけ会う」「○○さんと一緒のときだけ話す」など、それぞれに対するルールを決めて、上手にかわしましょう。

アドバイス

- **味方になりたがる裏には「支配したい」という欲求がある**
- **めんどうな人との付き合い方に自分なりのルールを設ける**

仲間意識で束縛！

周りを疲れさせる連帯感が強すぎて社員

02

下手をするとブラック企業!?

仲間と一緒にいると、安心感を得られ、ときに大きな成果をあげることにも役立ちます。ですが、仲間が常にいい成果をもたらしてくれるわけではありません。連帯感が強すぎる人たちのなかにいると、息苦しいときもあります。

【事例2】

入社2年目のハラダさんは職場にも慣れ、仕事にそれなりの満足感を得ています。ただ、会社の売り上げはこのところ伸びていません。そんな業績悪化の影響から、派遣社員の契約が切られてしまいました。

その分、若手のハラダさんの仕事量が増えることになり、終電に滑り込む日々が続いています。

そんな多忙な折、会社の先輩たちに飲みに誘われました。

お酒の席で少し酔っ払ったハラダさんが、「最近、残業続きで疲れが取れないんです」と軽い気持ちで愚痴をこぼしたところ、一緒に飲んでいた先輩たちは「ハラダ君、それも会社のためだから」「みんなで乗り切ろう」などと真剣な顔で励ましてきました。

支えるにも限界がある図

そのあまりにもまっすぐな言葉に、ハラダさんは、愚痴をこぼした自分が小さな人間のように感じてしまい、窮屈さを覚えたそうです。

「前向き」はときに息苦しい

ハラダさんは、本音を打ち明けられるお酒の席で先輩たちと楽しく飲みながら、ちょっと不満を吐き出して、すっきりしたかっただけなのでしょう。でも、そんなハラダさんの思いは、連帯感でつながれた人たちには通じないのかもしれません。

会社に対する愛情も執着心も、人によって温度差はあるものです。「できる限り働いて、給料が上がらなければ転職しよう」という人もいれば、「俺がこの会社をでかくしてやる!」「いい仕事をして、会社を支えよう」といった人まで、考え方はさまざまです。

しかし、連帯感の強い人たちは、「全員がこうあるべき」という信念に近い反感が怖いので本音は言えないけど……

強い気持ちを強制してきます。こうなると、同じ思いを共有できない人にとっては、息苦しい環境となります。

自分をしっかり持っていることが仇となる!?

このように連帯感を好み、自分たちにとって居心地のいい集団を持つ人たちは、集団のなかでの規則を重んじなかったり、連帯感に心地よさを感じなかったりする人に対しては、冷たく接する傾向にあります。

集団のなかにいると、疑問を感

じていてもそれを言い出せない雰囲気というものがあるでしょう。

たとえば、みんなが残業をいとわない会社において、マイペースな人は浮いてしまいがちです。勤務態度は真面目で、きちんと仕事をこなしているけれど、終業時間がくれば上司よりも先に職場を後にする。このような人が社内の人間から煙たがられてしまいます。

「手が空いてるなら、残業している人を手伝えばいいのに」「せめて課長が帰るまで待つべきだろう」などといった意見があると、心のなかでは「早く仕事を終わらせて、すぐに帰りたい」と思っている人も、なかなか実行に移せないでしょう。

スケープゴートにされてしまう恐怖

「他人は他人。自分は自分」を貫き通すと、みんなが同じような価値観を持って行動している集団のなかでは、「和を乱す者」として、スケープゴートにされてしまいます。

とはいえ、自分をしっかり持っている人は、あまり気にしないかもしれません。

実は、こういった集団の本当の犠牲者は、本音は帰りたいのにそれを言い出せない人たちです。

スケープゴートになるのが怖いため、声を上げられず、モヤモヤした思いを抱えている人たちはたくさんいることでしょう。

「正論」で身動きが取れなくなる

結束力をふりかざした発言は、その場を支配しやすいものです。

無理だと思ったら脱出してOK！

そして、その正論に押し切られた人は、異を唱える自分が悪いと考えてしまうようになります。

「つらい」「苦しい」といった訴えは、「会社のため」という連帯感でつながった人たちに〝やる気がない〟と判断されてしまうかもしれない……。このような不安から口を閉ざし、終電の日々で過労のため身体を壊してしまったら、元も子もありません。

連帯感でがんじがらめにされて身動きが取れなくなる前に、転職するのもひとつの手です。

無理をして我慢し続けるのではなく、逃げるのが得策です。自分の身を守るために逃げるのは、決して恥ずかしいことではありません。

アドバイス

- **自分を貫き通す人は連帯感が強い集団でスケープゴートにされる**
- **我慢せずに逃げることも選択肢のひとつ**

目的は優位性の確保！

どうでもいい小言を並べたてる上司

03

相手に対して優位性を示していたい

小言が多い上司は、どうしても煙たがれてしまいます。いつもそこまで気にしているわけじゃないけど、小さなことが積み重なって、「めんどうだな」と思われてしまう人について、考えていきましょう。

【事例3】

「イシカワさん、君の机の上、雑然としているね。文房具は引き出しにしまっておきなさい」

どうでもいいことを注意したがる部長

「あっ、でも、よく使うものはすぐ手に取れるように机の上に置いているんです」

「いや、机の上はいつでもスッキリさせておくのが、社会人としての常識だよ」

「は、はい」

「うん。わかればよろしい」

このようなやりとりの後、注意したコバヤシ課長はご満悦で去って行きます。傍から見ても、イシカワさんの机は、とくに散らかっているわけではありません。でも、コバヤシ課長は細かいことを逐一注意したがります。

大きなストレスではないのですが、イシカワさんは自分ばかり注意されているようにも感じています。

しかし、反論すると「上司の意見は聞くものだ」などと言われてしまうので、折れるしかありません。

罪悪感をかき立てる「正論」

さて、コバヤシ課長の本心を少しのぞいてみましょう。

部下の行動を細かく注意をし、反省を促すコバヤシ課長。上司としては、当たり前の行動なのかもしれません。でも、重箱の隅をつつくような指摘ばかりだと、うんざりしてしまう部下の気持ちも当然です。

このコバヤシ課長のように、ささいなことにまで上司風を吹かせるのは、相手に対して優位性を示したい、という欲求があるからです。

優位に立てないと攻撃的に

コバヤシ課長は、「立場」を武器にして、優位に立ちやすい相手を選んでもいます。そのため、素直に従う部下のイシカワさんは、格好のターゲットとなります。

また、このような人は相手が反論してくると、「立場」を利用して攻撃的な態度を示します。すると、弱い立場にいる人間は、身の危険を感じ、「めんどうなことになるくらいなら、相手に従ったほうがいい」と、トラブルを避ける行動を取ってしまうのです。

ちりも積もれば大きなストレスに……！

関係に角が立ったり、立場上弱かったりと、めんどうな人に対して黙ったまま従っていると、なかなかその関係性から抜け出せません。

しぶしぶとはいえ従ってしまうことで、相手の優位性を大いに満たしてしまいます。

「たいしたことじゃない」と思っていられるうちは大丈夫ですが、こういったことが積み重なっていくと、大きなストレスとなってしまう可能性もゼロではありません。

〝善意〟〝親切〟〝常識〟という「建前」に隠された、「支配欲や優位性のキープ」というめんどうな人の本心に付き合い続けていると、あなたの心はどんどん疲れてしまいます。

めんどうな人に「めんどう」と思わせる

この悪循環から抜け出すために、めんどうな人から「苦手だな」と認識してもらいましょう。

会話にストップ！　強制しゅ～りょ～

たとえば、コバヤシ課長のようなめんどうな人に話しかけられそうになったら、さりげなく席を立つのもいいでしょう。

また、話している最中でも、「申し訳ありません、これから○○へ行かなければならない用事がありまして」「ちょっと電話をしないといけないので」などと告げて、話を切り上げてしまいましょう。

皮肉や自己アピールが始まったときには、「ごめんなさい、私の頭では、よく理解できません」「それってどういう意味ですか？」など、無邪気に質問してみるというのもひとつの方法です。

意味をわざわざ説明してしまっては、あなたへの支配欲や優位性のキープといった、自分の本心をさらけ出すことにもなりかねないので、めんどうな人は引き下がっていくことでしょう。

ダイレクトに主張してみる

このようなめんどうな人は、ときに相手が傷つく言葉を投げかけてくることがあります。

その場合は、「そんな脅すように言わなくても……」「わたしが足が太いのを気にしているとわかっていながら、なぜあえて言うのですか？」など、めんどうな人の発言があなたを傷つけているという事実を本人に認識させるのもいい方法です。

これだけはっきり「傷ついた」と主張されると、〝善意〟という建前が通じないので、めんどうな人はたじろぐはずです。

相手にブレーキがかかったところで、すかさず「ところで昨日の件はどうなりましたか?」などと話題を変えるなどして、何食わぬ顔で立ち去ればいいのです。

めんどうな人は、人の持つ寛容さや優しさ、穏健さなどを利用してつけこんでくるので、相手にその要素が少ないとわかれば自然と避け始めるでしょう。

また、めんどうな人は自分の思いどおりにならない相手を嫌います。そのため、「あの人はなんか苦手」と思わせることができれば、「支配欲や優位性のキープ」に基づく憂鬱な攻撃に巻き込まれることもなく、心穏やかに平穏な日々を過ごせるはずです。

アドバイス

- **「苦手」と認識されれば巻き込まれない**
- **無邪気さを装って質問してみたり、傷ついたことを主張してみる**

他人の不幸は蜜の味！

アドバイスがネガティブな先輩

04

実は人の幸せを妬む気持ちを持っている

よかれと思ってしてくれるアドバイスが、どことなくネガティブな人っていますよね。「自分のためを思って苦言を呈してくれてる」と、感じられればいいのですが、モヤモヤを抱えるようになったら要注意です。

【事例4】

「ミエちゃんにはもっとふさわしい男の人がいるよ！　そんな人、絶対別れたほうがいいよ」

ミエさんは最近、職場で仲のいいアヤカ先輩との関係に悩んでいます。きっかけは、先輩が学生時代から付き合っていた恋人と別れたこと。

失恋したアヤカ先輩を慰めるなかで、ミエさんは「メールの返信が少ない」と、自分の彼に対する小さな愚痴をこぼしました。すると先輩は、「それはあなたを軽く見ている証拠」と、ミエさんの彼に毒づきます。

「アヤカ先輩は失恋したばかりなので、そういった反応は仕方ない。そのうち収まるだろう」と思

アドバイスがいつもネガティブな先輩

い、最初は聞き流していました。でも、近頃は「本当にそんな男でいいの?」とエスカレート。

ほかの話題なら楽しく優しい先輩なだけに困っています。

アドバイスの裏に潜む嫉妬

簡単に言うと、アヤカ先輩は彼氏がいるミエさんに「嫉妬」しているのです。自分は失恋したというのに、順調に恋愛している人が近くにいたら、うらやましいと感じるのは当然です。

ですが、後輩の立場をうらやましがるなどというのは、アヤカ先輩のなかでミエさんに「劣っている」ということになります。それはアヤカ先輩にとっておもしろくないことなので、「自分の経験をもとに、適切なアドバイスを送っている」という体裁を取り、ミエさんの彼をおとしめているのです。

アヤカ先輩は、ミエさんに対して自分のほうが「優位」という立場は崩した

くないのです。

「妬み」を隠すための「悪口」

独り身のアヤカ先輩にとって、他人の幸せはおもしろくもなんともありません。自分と同じように不幸になった他人を見て、蜜を味わいたいのが本心です。

もっとも、こういった感情はごく自然なもの。人は自分のなかにある「妬み」を隠すために「悪口」を言い、そうすることで「自分は優れている」という快感を得るのです。

電車内で週刊誌の中吊り広告に書かれた著名人のスキャンダルについつい目が行くのも、そういう感情の延長線上にあります。

誰かを「悪く言う」のは、現状に不満を持っている、という証拠です。

否定的な発言はやる気や自信を消し去る

アヤカ先輩のような例以外にも、相手のためを考えたアドバイスという形を取りながら、実際には、ネガティブな発言で、やる気をそいだり、迷いを吹き込んだりする人は、日常に潜んでいます。

「こんな失敗でへこんでいるようじゃ、これから先、とてもやっていけないぞ」と激励しているつもりの上司。「君のためにあえていうけれど、そんなやり方していたら、多分無理だと思うよ」と、アドバイスしているつもりの同僚。「親の助けなしでやっていけるなんて思うなよ」と注意しているつもりの親。

「あなたに合わない」「あなたにはできない」「あなたには無理」といった否定的な発言は、投げかけられた人の意識のなかに、ネガティブな気持ちを呼び起こします。

とくに、自信をなくしていたり、プレッシャーを感じていたりするときは、なおさらです。

こういった状態のときに投げかけられるネガティブな言葉は、脅しや呪いのように、わずかなやる気や自信のかけらまで消し去って、失敗や挫折の呪縛から逃れられなくなるかもしれません。

ポジティブな思考を心がける

めんどうな人のネガティブ発言の呪縛にとらわれ、惑わされてし

ネガティブな言葉は呪縛となってしまう！

まう前に、ポジティブ思考で心を解放してあげましょう。

コップに水が半分入っていたとき、「半分しかない」と考えずに、「まだ半分もある」と考えるように気持ちを切り替えていくことが大切です。

アヤカ先輩に対しては、「必要以上に失恋を引きずっていて、どうしようもなくかわいそうな人だ」と考えれば、あなたのなかでアヤカ先輩が「優位」に立つことはありません。

「こんな失敗でへこんでいるようでは、これから先、やっていけない」という上司の恫喝は、「そうか、この程度の失敗なんかでへこむ必要はないんだ」と受け取れば、やる気を取り戻せるでしょう。

「そんなやり方していたら無理だと思うよ」という同僚の脅しは、「ほかにもいろいろやり方があるみたいだから、なんとかやれるかも」と思えば、意欲をかき立てられるのではないでしょうか。

「親の助けなしではやっていけない」という親からの呪いだって、「何かあったら、助けてもらえるのかな」と、気楽にかまえてみてもいいでしょう。

発想を逆転させることがコツ

自分に自信が持てず、自分をネガティブにとらえている人ほど、「〜ない」「無理」「不可能」と考えがちです。また、人から否定的に言われると、その呪縛にかかりやすくなります。

「○○はできない」「××だから無理」と言われたら、「じゃあ、●●であれば大丈夫なんだ」「△△ならできる」というように、逆転の発想をすることで、心ない言動から身を守れるはずです。

そのためにも、日頃から、〝否定形〟でなく〝肯定形〟を使うことを習慣づけるようにするとよいでしょう。発想も自然とポジティブになります。

アドバイス

- **ポジティブ思考で心を解放させる**
- **発想を逆転させて否定形を肯定形にする**

プライベートもおかまいなし！

いつでもどこでも会社が大好きな集団

05

仲間意識が強すぎて仲間はずれを作る

会社、学校、部活、家族、親戚……わたしたちは普段からさまざまなコミュニティに属して生活しています。とはいえ、ひとつの集団ですべてが成り立つわけではありません。固定の集団を大事にしすぎてしまうのは、考えものです。

【事例5】

「ユリちゃん、週末のバーベキュー大会になぜ不参加なの？　あなた以外みんな参加するのに」

仲間意識が強すぎる会社員たち

ユリさんは、勤務している職場の雰囲気が苦手です。この会社では数カ月に一度、参加自由のバーベキュー大会があります。

今回は好きなバンドのライブと重なり、不参加を表明したところ、同僚から参加を催促されることになりました。

ユリさんにとっては何カ月も前から楽しみにしていた大切なライブなのですが、同僚に言うと「そんなライブぐらいで」と軽く扱われてしまいそうな気がして、不参加の理由を伏せています。

ユリさんが休日をどう過ごそう

が自由です。でも、以前みんなで初詣に行くことになったとき、ある同僚が恋人との約束を優先させたため、仲間はずれにされたことを知っているので、なんとなく言えずにいます。

価値観を共有する集団は属さない人間には冷酷

ときには友人や同僚、隣人たちと一緒に、食事会やバーベキューなどのイベントに参加するのは楽しいものです。でも、頻繁すぎる、ひとりで過ごしたいなどの理由で、〝みんな一緒〟の行動を遠慮したいこともあるでしょう。

「仲の良さ」を意識し合っている集団は、同じ価値観や常識で行動している間は、居心地も悪くないものですが、その集団を抜け出そうとしたり、ほかと違う行動を取ったりする際には、めんどうがついて回ります。

足並みをそろえない人に対して冷たい態度を取る傾向にあるのです。

同じ価値観、共有感で結ばれた集団は、違った価値観が入ってくると、抵抗しようとします。和からはずれる人がいることで、「居心地のいい場所を持つ連帯感」を失ってしまうことが嫌なのです。

黒い羊は目障り

異質なものを排除しようとする、これは「いじめ」の構造と同じと言えます。社会心理学用語に「黒い羊効果」という言葉があります。集団のなかに仲間はずれを作ることにより、所属意識が高まる効果を指します。

そして、所属意識が高まるにつ

“変わり者”を仲間はずれにする集団

れて、愛着や依存心も強くなり、集団に所属することに価値があると考えるのも特徴のひとつです。

そのため、ひとりが少しでも違う方向を見ると、その人に強い敵意を抱いてしまいます。その人が自分たちの和を乱すと恐れ、また、その人が脚光を浴びるような活躍をすると、嫉妬や劣等感も加わって、排除する動きがさらに加速する可能性があります。

そして、自分たちの平和を脅かす異質なものに対しては、「みんな一緒」に責めることで、罪の意識を分散させます。それが、所属意識の強い集団の怖いところです。

気持ちを伝えて、断る勇気を持つ

つまはじきにされたり、浮いてしまったりすることを恐れ、無理してこのような集団に属していると、次第にストレスが溜まり、心がむしばまれてしまうでしょう。

キッパリ主張できてスッキリ！

他人から「付き合いが悪い」「冷たい人」などと思われても、自分の気持ちに正直に従い、行動することが大切です。
たとえば、ユリさんの事例のように、休日に会社のメンバーで集まるイベントに誘われて気が乗らないときは、「仕事でずっと外回りをしていたので、休みはのんびりしたい」「大勢でワイワイ盛り上がる気分ではない」「家にこもってひとりで過ごすのが好き」と、自分の心の内にある理由や感情を整理して、一番伝えたい気持ちを探ってみましょう。

無理に共感する必要はない

また、「うちの課が表彰されたのに、あなたはうれしくないの」とか、「彼女があんなに悲しんでいるのに、あなたはかわいそうだと思わないの」などと、いきすぎた連帯感から共感を強要されるケースもあります。

このように共感を強要された場合も無理に同調しなくていいのです。「チームの勝利がうれしい」と、みんなが感じていたとしても、あなた自身がそう思えなければ、それはそれでかまいません。

集団と同じように感じられないことで「共感できない自分は冷たい？」など と、揺らぐ必要はないのです。

感じ方は人それぞれと考え、あくまでも自分の気持ちを大切にしましょう。

アドバイス

- **自分の気持ちを大切にして素直に伝える**
- **みんなに合わせて無理に共感しなくてもいい**

わたしの話を聞けばいいの！

〝かまってほしがりな〝わたし〟話の新人

06

他人に自分を肯定してもらいたい

か弱い人、寂しそうな人、悲しそうな人たちに対して、通常は「助けになろう」「守ってあげよう」といった意識が働きます。けれど、そういった他人の優しさや同情心につけこんでくる、扱いがめんどうな人がいます。

【事例6】

「前の会社の上司に陰険な嫌がらせをされて、つらかったです……」

「（はぁ、またか……）」

お弁当派のチハルさんは、入社して間もないリカさんと、昼休みによく事務所でふたりきりになります。そして、リカさんの身の上話に延々と付き合わされるハメに。

最初のうちは「大変でしたね」と、相づちを打っていたチハルさんですが、リカさんの話がずっと続くので疲れてしまいます。

最近はお弁当を外で食べるなど、リカさんを避けるように行動していますが、自分の生活習慣を変えるのも釈然としないな、と感じるチハルさんでした。

“わたし”の話を聞いて聞いて!!

とにかくわたしにかまって！

リカさんの言動には、「かわいそうな自分」だけでなく「こんなにつらい目に合っているけれど、わたしはがんばっている！」というアピールが感じられます。

悲しい体験やつらい思い出を話したがるのは、とにかく話を聞いてかまってほしい、同情を引いて注目されたい、そんな欲求の表れでもあります。

他人に対して「自分はかわいそう」というアピールを繰り返して、「あなたは立派だよ、よしよし」と慰めてもらいたいのです。そうすることで、他人の気を引き、自分を肯定してもらい、自分を確立させようとしているのです。

自分に自信がないからこその言動

また、このような人を慰める際、励まし方によっては裏目に出てしまうことがあります。

たとえば、仕事でミスをして落ち込んでいる幼なじみに、「次でがんばろうよ！」と元気づける言葉をかけたら、「わたしはあなたみたいに強くないから……」と返された人がいました。「落ち込んでるから声をかけたのに、そんな言い方をしなくても」と複雑な気持ちになったそうです。

幼なじみの発言は、「わたしは弱い人間だから、落ち込むのも当たり前」と思うことで、ミスをしてしまった自分の存在を肯定したいという気持ちから出たものです。先ほどのリカさんと根底にあるものは同じと言えます。

リカさんの言動も、幼なじみの言動も、要するに自信のなさの裏返しです。「自分に自信が持てない」からこそ、そのような言動に走ってしまうのです。

「かまってちゃん」をかまうな

リカさんや幼なじみのような人は、話しているうちに、「かわいそうで健気な自分」に自己陶酔してしまっているのでしょう。話が長くなる傾向にあるのも、話しているうちに彼女たちのなかの悲劇のヒロイン像がどんどんふくらん

でいるからです。

ある程度まで なら、慰めることもやぶさかではありません。ですが、顔を合わせるたびにこのような言動が繰り返され、心がざわつくと、めんどうに感じるのは当然です。

かといって、すげなく対応して加害者扱いされてしまうのも本意ではありません。チハルさんが、「自分が逃げ回る状況はやや腑に落ちない」という感情を持つのもわかりますが、かわいそうな自分に陶酔してしまっている「かまってちゃん」にはできるだけかまわないでおきましょう。

中途半端に関わるよりも、とにかく話を聞かないのが一番です。かまえばかまうほど、どんどん増長してしまいますから。

寄り添うことでお互い健やかになれる

ただし、本当に親しい間柄に限って言えば、ときには相手の気持ちをじっくり聞いてあげるのもいいでしょう。

この場合、「ミスをして自信がなくなったのかな」「イライラして、八つ当たりしたいときはある

本当に親しいなら寄り添ってあげるのもアリ！

わたしは…あなたみたいに強くないから…！
しくしく…
ミスしたらナイーブになるよね、わかるよ♡大丈夫だよ！

よね」など、一歩引いた状態から相手を観察することが大切です。よく見知っている相手だけに、その言動の原因も探り当てられるかもしれません。また、客観的に推察することで、自分の心のなかに余裕が生まれ、めんどうな人にふり回されることも少なくなります。

たとえば、先ほど例に挙げた幼なじみなら、「さっきは嫌な言い方をしてごめん」と冷静になってくれるかもしれません。

相手の気持ちをじっくり聞いたその後は優しく寄り添ってあげてください。そうすることで、相手のネガティブな面がさらに解消されれば、お互い健やかな気持ちでいられるでしょう。

アドバイス

- **自己陶酔している「かまってちゃん」にはできるだけかまわない**
- **本当に親しい間柄なら、寄り添ってネガティブな面を解消してあげる**

自分のみんなの正義？

07 一直線な思い込みで周囲を悩ます熱血部長

自分が「いい」ものは、みんなにとっても「いい」

人はみんな、それぞれに考えを持って行動しています。その考えに対して、「自分は正しい」と思うだけならいいのですが、それをいろいろな人に押しつけると、ときに大変な迷惑となります。

【事例8】

「今度の日曜、またみんなで野球をやろう。朝7時に集合な！」

タカハシ部長は、スポーツが大好きな熱血漢です。いつも、部下のひとりひ

とりに声をかけて、野球のメンバーを集めています。

はじめのうちはみんな楽しく参加していましたが、このようなスポーツイベントが何度も続くと気が進まない人も当然出てきます。

一度、部下のひとりが「お誘いはうれしいのですが、今週はちょっと……。このところ仕事の疲れがたまっていて」と言って断ろうしたところ、「仕事の疲れなんか、みんなで汗を流せば吹っ飛ぶよ!」と、悪気のない笑顔とともにガッツポーズを交えて熱く説得されました。

部下たちは、部長からの直々のお誘いを断わることができず、疲れた体にむち打って、しぶしぶ参加することも少なくないようです。

わたしの考えは最高！　ほかの意見は認めない

自分がいいと思っていることは、ほかの人にとってもいいことに決まっている、という思い込みの強い熱血部長。彼の考えに共感できる人もいれば、押しつけがましさや窮屈さを感じる人もいるでしょう。

タカハシ部長のように思い込みが激しいタイプの人は、自分以外の考え方や行動がある、という事実にまで考えが至りません。こういった単純思考の人たちは、往々にして他人の気持ちに鈍感なので、相手の気持ちに寄り添って、思いを巡らすことができないのです。

たとえば、「誘いはうれしいけど、体力的に厳しい」と、返答された場合、自分にとって都合のいい「誘いはうれしい」の部分しか理解しません。なので、

「体力的に厳しい」という部分を、「動けば疲れは吹き飛ぶ」という持論でねじ伏せてきます。

グレーゾーンの葛藤を推し量ることができないので、相手のことを思いやって、「じゃあまたの機会に」と考えることはないのです。

遠回しな言い方では気づいてもらえない

タカハシ部長のような「あなたによかれと思って」と行動している押しつけがましい人に、自分の心地よい距離感を理解してもらうことは不可能だと思いましょう。相手が不快に感じていようが、落ち込んでいようが、気にとめることなく、自分のペースでふるまいます。

気が乗らないお誘いに対して、「いきなりお邪魔すると迷惑でしょうから、また今度に」とやんわり断っても、「遠慮しなくていいよ」と返されるのがオチです。

相手のことを配慮した遠回しな言い方だと、まったく気づいてもらえません。「今度」とか「そのうち」「近いうち」「どこかで」といったあいまいな表現では、こちらの思惑は伝わらないのです。

明確な数字を示して提案する

こういったケースにおいては、こちらから具体的な数字を挙げて提案することが有効です。

たとえば、「ランチに行こう」と、しつこく誘われているのなら、「明日の12時半から1時間だけなら空いているけど」「ランチは無理だけど、お茶だけなら15分

話が通じない人には具体的に説明を！

くらい付き合えるよ」などと、提案してみましょう。

こういった対応であれば、自分のペースを守ることができ、相手のいいなりにならなくてすみます。

同じように、電話やメールで、愚痴や噂話をしてくるめんどうな人に辟易しているなら、「メールは1日1回にして。仕事で返事ができないから」「電話は5分までにして。子どもが目を覚ますから」などと、明確な数字とその理由を示して提案すると効果的です。

また、「あなたのためを思って」という親切心から行動している相手についても同様の手法が有効です。

たとえば、お中元やお歳暮、旅行のお土産、誕生日のプレゼントなど、ことあるごとに贈り物をしてくるお姑さんに対しては、そのたびにこちらからもお礼を返さなければならなく、かえってめんどうな場合があります。

その際、「年に1回だけにしてください」など、数字を示すことで提案を具体化すると、相手にこちらの気持ちが伝わりやすく、気づいてもらえる可能性が高くなるでしょう。

外的な要因を使うのも有効

数字を使った提案のほかに、「週末は田舎の両親が上京してくるので」「子どもの学校行事に参加しなければいけません」など、自分以外の都合である「外的な理由」を使ってみるのも有効です。

めんどうな人は自分が優位に立てる相手を選んでもいるので、見知らぬ人や関わり合いのない人に対しては、強気に出られなかったりもします。あなた以外の人を引き合いに出せば、意外と簡単に引き下がってくれるでしょう。

数字の提案と交互に使いながら、上手に付き合っていきましょう。

アドバイス

- **あいまいな表現は伝わらない**
- **数字を示した具体的な提案や自分以外の人を引き合いに出すのが効果的**

第2章

事例編

プライベートを脅かすめんどうな人

プライベートは、ストレスのない安らぎの場と思いきや、
ここにも「めんどうな人」は潜んでいます。
友人・恋人・親兄弟と、関係が親密な分、
扱いにも困ってしまうもの。
いろいろなケーススタディを見ながら、
「めんどうな人」の本質を知っていきましょう。

毒と笑いの境界線で大暴れ！

01 悪ノリがすぎて迷惑をかける友人

本質はただの目立ちたがり

家族や友人のように、気心が知れていて、自分の本音や考えを共有できる関係は大切ですよね。けれど、親しき仲にも礼儀あり。踏み込んでいい境界線は人それぞれです。その線引きができていない人は、なかなかめんどうです。

【事例1】

「……奥様と出会うきっかけともなりましたが、昔から新郎のナンパ成功率は群を抜いており……」

悪気はないから仕方がない!?

えー、奥様と出会うきっかけにもなりましたが、彼は昔から
ナンパ成功率が高く
ボクもよくナンパに同行させていただきました

とある結婚式でのこと。新郎の学生時代からの友人がスピーチを任されたのですが、「カンニングの主犯格としても活躍し……」「元カノとのようにドロドロした恋愛になることなく……」など、新郎のイタい行動や昔の恋愛まであけすけに話してしまい、親族席の人たちの顔は引きつるばかり。

スピーチした本人はウケを狙って調子よく話していたようですが、新郎や学生時代の仲間たちはいたたまれない気持ちでいっぱいでした。

いつでもどこでも、オレが主役！

なぜ彼がこんなことをするのかといえば、単に目立ちたがりなのです。自分が目立つべきではないところでも、人とちょっと違うことをして、注目を集めたいタイプの人なのです。

こういった人たちは自信たっぷりにふるまって見えますが、行動の原動力を考えてみると、自分に自信がないということがわかります。心の奥底では、「自分は人より劣っているのではないか」という不安と「いや、そんなことはない」という思いで葛藤しています。

不平不満でいっぱいだったり、自信がなく臆病であったり、満たされない欲求やコンプレックスを抱えていたりするのです。

この葛藤やコンプレックスを解消するため、自分のほうが優っていると証明できる比較対象を引き合いに出し、相手にとって痛いところを突いてきます。そして、他人からチヤホヤされたり、笑ってもらったりすることで、自信につなげています。

そのため、相手が言われたくないことを口にし、自分が優位な立場に立てるように仕向けているのです。

こういった心の仕組みを理解して、付き合っていくのが得策です。

じっくり観察して弱点を見破る

このような人に立ち向かう際、相手の満たされない欲求やコンプレックスを突きとめることができれば、大きなアドバンテージとなります。つまり、相手の弱点を知ることが有効なのです。

相手をよく知ることは、相手をどう迎え撃てばいいかの手がかりになるはずです。

とはいえ、めんどうな人は弱点をなかなか見せません。支配欲の強い人は、自分の劣等感や不安、不満を他人に知られたくないからこそ、攻撃に出ているのですから。

発言の裏側に本音が隠れている

相手の弱点を知るためには、一にも二にも相手をよく観察することです。

はじめに挙げた「カンニングの主犯格としても活躍し……」「元カノとのようにドロドロした恋愛になることなく……」といったウケ狙いの言動以外にも、女性同士で「今日、化粧濃いんじゃないの？」とからかう、「ずいぶん時間をかけて、丁寧に仕事してるのね」と皮肉を言う、「あなたの彼、別の女の子と仲良く歩いてたよ」

徹底観察して弱点を探し出せ！

といらない情報を聞かせてくるなどの言動も事例として挙げられます。

すべての場合において、イラッとしたり、あわてたりすることなく、落ち着いて相手を観察してみましょう。このような言動の裏には、案外その人のコンプレックスが隠れています。

「カンニングの主犯格」「元カノとのように」といった発言の裏には、学生時代、新郎に成績でも恋愛経験でも敵わなかったという敗北感があるのかもしれません。

「化粧が濃い」とからかう人は、自分の容姿に自信がないのかもしれません。

「丁寧に仕事をする」という皮肉や、あなたの恋人の不穏な噂を投げかけてくる行動には、あなたの仕事ぶりが評価されていることや、あなたに恋人がいることへの妬みが含まれている可能性があります。

こういったことが少しずつわかってくれば、そのうちに「この人は彼氏とうまくいってないのかな」「わたしに仕事で負けたくないのね」などと、めんどうな人の本心にたどりつけるでしょう。

観察を続けていくうちに冷静になれる面も

相手を見極めるという課題を持ち、じっくり観察していくことで、一歩引いた客観的な状態が続き、めんどうな人にモヤモヤを感じたり、巻き込まれたりすることも少なくなるかもしれません。

また、あなたの冷静な様子を見て、めんどうな人は居心地の悪さを感じ、干渉してくるのをやめてくれることもあるでしょう。

相変わらず態度が変わらないようなら、気がついた弱点をほのめかしてみてください。弱点をつつかれて、過剰に反応するかもしれませんし、頑強に否定するかもしれませんが、次回からの関わり合い方が変化するはずです。

もっとも、相手の劣等感に気づいてしまったあなたは、めんどうな人に同情や悲哀を感じて、そんな気は失せているかもしれませんが。

アドバイス

- **しっかりじっくり観察すれば、相手の弱点が見える**
- **観察を続けていくうちに冷静になれることも**

子離れができていない証拠！

02 人の気持ちを省みず過剰に世話を焼く母親

「よかれと思って」はありがた迷惑

世話焼きやおせっかいなど、やっかいな干渉は、他人同士だから生じるものではありません。ときには身内の干渉のほうが、境界線を踏み越えてしまいやすく、手ごわいというケースもあるのです。

【事例2】

「ユイはひとりじゃ何もできないんだから、お母さんがやってあげるわよ」

ユイさんは今年結婚し、実家の近くに新居をかまえ、新婚生活をスタートさお母さん、洗濯は自分でできます……

せました。ある朝、出勤する夫を見送った後、チャイムが鳴ったので扉を開けると、そこには母親の姿が。家の中にずかずかと上がり込み、勝手に洗濯を始めます。

「よけいなことしないで」と訴えても、「いいからお母さんに任せておきなさい」と、聞き入れる気はまったくなさそうです。

その後も何度かやってきては、同じように世話を焼いて帰っていきます。こんなことなら、実家の近くに住むんじゃなかった、とユイさんは後悔しています。

思いどおりに娘を支配していたい！

娘が結婚してからも、子離れできないでいる母親に困っているユイさん。何よりやっかいなのは、相手がほかならぬ〝親〟だということ。肉親だとこの先もずっと関係が続くのが難しいところですね。

この母親にとっては、これまで娘の成長や娘との関係が生きがいだったのでしょう。娘が結婚したからといって、急に生き方を変えるのは、無理な話なのかもしれません。これまでずっとそうだったように、娘に自分の思いどおりに行動してもらいたいのです。そんな支配欲が、押しつけがましい言動の根底にあると思われます。けれど、この母親の考えに従ってばかりいると、子どもであるユイさんの人生が疲弊してしまう可能性があります。

好意の裏には見返りを求める気持ち

このような母親をはじめ、おせっかいがすぎる人は、「あなたのために」とか「やってあげているのに」という好意（見せかけも含めて）がある分、対処が少々やっかいです。この好意の裏には、見返りを求める欲深さが隠れているので注意が必要となります。

これは肉親以外の身近な人にも当てはまります。たとえば、お姑さんから大きな冷蔵庫を贈られたとある新婚女性。何も言っていないのに、突然お姑さんから「買ってあげるわ」と言われ、勢いに押されて断りきれず買ってもらいました。

その後、「どんな風に収まっているか見せて」「高い買い物だったんだから、手料理をふるまって」と、見返りを求められて、このお嫁さんは大変なプレッシャーを感じてしまいました。

めんどうな人は他人の領域に鈍感

人には誰しも「踏み込んでほしくない領域」が存在します。趣味のことには口出ししてほしくない、夜10時以降はゆっくり過ごしたい、書斎ではひとりでいたいなど、その領域や境界線は人によって違います。

ですが、「あなたのために」「よかれと思って」と踏み込んでくるおせっかいな人や過干渉な人というのは、だいたいがこういった他人の領域に鈍感です。

このような人に距離感や境界線の違いを理解してもらおうと思っても難しいでしょう。

かといって遠慮していると、自宅に土足で上がり込んでくるがごとく、どんどん侵入されて、自分のスペースを乱されることになってしまいます。

他人の領域に土足で踏み込んでくる

他人であれば、「もう関係ない！」と、完全に距離を置くこともできますが、このお姑さんや先ほどの事例の母親のような身近な人の場合はそうもいきません。恩を着せてくる距離を置きづらい人に対しては、自分にとって必要のないことであれば、はじめからきちんと断りましょう。

相手が「あなたのために」と思っているとしても、それが自分にとって負担になるようであれば、それをきちんと示さなければいけません。距離感に鈍感な人は、困惑した表情をしようが、遠回しに断ろうが、「遠慮しているだけだろう」程度にしか受け取らないはずです。

きっぱりしていながらも気遣いのある断わり方

また、おせっかいな人の根底には、「こうしてあげたんだから」という見返りを求める気持ちがあります。それで困らないためにも、自分の意志をはっきりと伝えるべきです。

たとえば、相手からの贈り物が必要ないと判断したときには、「これまでにも十分すぎるほどいただきましたから、もう受け取るわけにはいけません」「お気持ちだけちょうだいしておきます」「こちらも負担になりますから」など、受け取れないことをしっかり告げましょう。

　このとき、「お気持ちはうれしいのですが」という感謝の気持ちを忘れないでください。〝断りに対するお詫び〟＋〝受け取れないという事実〟＋〝感謝の気持ち〟があれば、角の立つ断り方にはなりません。のちのちも安心して付き合うことができるはずです。

　ほどよい距離を上手に保ちつつ、相手が我が物顔で入ってこられないように丁寧にお断りして、自分の領域と人生を守りましょう。

アドバイス

- **おせっかいは最初からきちんと断ることが重要**
- **断るときには気遣いや感謝の気持ちを込めて**

裏の性格はサッパリしてない！

サバサバアピールを積極的に行う先輩

アピールは自分を正当化するための免罪符

「自分は○○な人間だから」と自己判断を前置きする人、あなたの周りにもいませんか。はたしてそれは本当でしょうか。ある程度は当たっていたとしても、必ずしも正確な判断とは限りませんよ。

【事例3】

「うわー、リカコ、肌荒れヤバくない!?」
「あ、はい……最近ちょっと忙しくて」

03

「あ、ごめん、傷ついた？　わたしって裏表がない性格だからさ」

リカコさんのサークルのサヤカ先輩は、「裏表のない性格だから」「サバサバしてるから」が口グセ。

自分でカットして髪型を失敗した人を見れば「うわー前髪やっちゃったね～」、スカートをはいている人に対しては「O脚ヤバイよ。生足出すのやめたら？」などなど、言いたい放題です。

そんなサヤカ先輩に対して、リカコさんは単にデリカシーがないだけのように感じています。

サバサバ免罪符を乱用する人

⚠ 傷つけても許される免罪符がある！

このサヤカ先輩のように「裏表がない」と性格をアピールすること自体、すでにその裏には、別の本音が存在しています。

心理学用語に「セルフ・ハンディキャッピング」という言葉があります。これは、結果がうまくいかなかったときのために、行動を起こす前から「いいわけ」しておくことを指します。

たとえば、テスト当日に、それなりに努力していたとしても「ぜんぜん勉強してない」などと言ってしまうのは、点数が悪かったときにショックをやわらげるためです。

同じように、サヤカ先輩は自分の発言によって相手が傷ついてしまったときの免罪符として、「裏表のない性格」という「いいわけ」を用意しているように見受けられます。

ということは、サヤカ先輩は、自分の発言が人を傷つけるものだとわかっているのですね。言われた相手が「傷つけられた」と主張してきたときのために、

めんどうな人の視界から隠れる

「免罪符」として「サバサバアピール」を行っているのです。

極力話さないようにする

サヤカ先輩のような人から逃れるには、相手から無視されるというのもひとつの方法です。

会話は必要最低限のみにして、自分からも話しかけないように努めることで、惑わされたり、わずらわされたりすることがなくなるはずです。

無視されれば、下手に攻撃されることもありません。無視されるということは、相手に自分の言動を把握させない、つまりそこにいない存在になってしまえばいいのです。

相手が職場の人なら、シフトや席を変えてもらう、出退勤時間や通勤ルートを変える、相手がよく立ち寄る場所には出入りしないなど、文字どおり相手の視界に入らないようにすればいいでしょう。

状況が深刻であれば、異動の希望を出す、転職するということまで考えていいかもしれません。

また、近所の人やプライベートな知人なら、相手と会うことが多い場所や時間などを見直し、できるだけ顔を合わせないことです。

このようにして、めんどうな人のいるところに自ら足を踏み入れないようにすれば、向こうも関わりようがありません。

⚠ 話題は用件のみか、当たり障りのないものを

ただし、一切口を聞かない、というような極端な方法はできるだけ避けたほ

うが得策です。仕事をするうえで足かせになってしまったり、めんどうな人に陰で悪く言われてしまったりするかもしれません。

表面上は自然にふるまい、仕事の話やあいさつをしつつ、会話は天気の話など当たり障りのないものにとどめて、人の噂や悪口は聞かずに、その場を離れましょう。愚痴や悩みや、プライベートの話などはせず、自分からも深入りしないこと。

自分に興味を持っていないとわかれば、めんどうな人もわざわざ関わってこようとしないはずです。

アドバイス

- **サバサバアピールは相手を傷つけたときのための免罪符**
- **最低限のコミュニケーションで接触の機会を絶つ**

人の恋路を邪魔したい！

04 協力するふりをして恋を横取りする友人

横取りすることで保たれる優位性

恋愛に戸惑っている友人に対して、協力してあげよう！　と思うのは友人としてとてもまっすぐな気持ちなのかもしれません。けれど、そういった人たちは、本当に純粋な気持ちだけで行動しているのでしょうか。

【事例4】

テニスサークルのカトウ君のことが気になっているミサトさんですが、恋人がいるのかを聞くことができず、なかなか前に進めずにいました。

そんなとき、同じサークルのアイさんと飲んでいたら「ミサト、カトウのこと好きでしょ？　彼女いるか聞いてあげるよ」と提案され、「ありがとう！　お願い！」と答えてしまいました。

それからしばらくして、カトウ君とアイさんが付き合っているという噂が聞こえてきたのです。アイさんからは「恋愛相談しているうちに好きになってしまって……ごめんね」とメールが届きました。

はたしてアイさんには、仲を取り持つ気があったのでしょうか。

これって結局横取りだよね!?

〝協力〟という形に隠れた本性

アイさんにはもともと、「あわよくば、自分がカトウ君と付き合いたい」という本音があったのでしょう。にもかかわらず「協力」を申し出た理由は、ミサトさんと同じく、堂々とカトウ君にぶつかっていく自信がなかったのです。

アイさんは、「ミサトさんの恋の協力者」という役を得ることで、カトウ君に近づく理由を手に入れられます。そして、思惑どおり横取りできなかった場合にも、「協力のために仲良くなっただけ」と、自分にいいわけできるので、失恋の傷は浅めにとどめられます。

また、アイさんのなかには、「ミサトさんに負けたくない。自分のほうが優位でいたい」という気持ちがあったのかもしれません。ミサトさんの好きな人を横取りできれば、存分に優越感に浸れます。

そういうことも計算したうえで、協力を申し出たのでしょう。「幸せになってほしいから」「心配だから」などと、〝善意〟という「建前」を武器に近づいてこられると断りづらいものです。

「恋の協力」には、このように駆け引きめいた一面も含まれています。相手によっては本当に善意で申し出ているのか、見極めが必要です。

本音を引き出して感情を揺さぶる

アイさんのような人を見極めるには、善意という建前を崩して相手を揺さぶり、本音をあぶり出さなければなりません。このような場合、その建前を建前としてはね返すのもひとつの手です。

たとえば、「わたしには必要ありませんから」「ひとりで大丈夫ですから」とはっきり断ってみてください。純粋な気持ちからあなたに協力を申し出ている人であれば、とくに怒ることもなく、あっさり身を引くはずです。

しかし、〝善意〟や〝親切〟を「建前」にして、自分の〝悪意〟や〝支配欲〟を巧妙に隠しながら接している人であれば、この返答を不意打ちに感じるはずです。そのような人は、「自分の〝善意〟は、当然相手に受け入れられる」としか考えていません。そのため、さらに「せっかく言ってあげてるのに」「手助けしてあげようと思ったのに」と、恩を着せてくるでしょう。それが見極めのポイントとなります。

このように見極めができたなら、相手に対して「協力が必要なときは、わたしのほうからお願いにあがります」「いまは自分のやり方でやってみたいので」とフォローしておけば、相手も強気に出られないはずです。場合によっては、「それはあなたの自己満足なのではないですか？」と、強気に突っぱねたりするのもありです。

めんどうな人の逃げ道を封鎖せよ

それでも、さらにしつこく「これまでみんな受け入れてくれた」「みんながそうしてる」と言ってくる相手には、「みんなってどなたのことですか？」と、尋ねてみてもいいでしょう。

痛いところを突かれためんどうな人は、さらに罪悪感をかき立ててくるか、責任転嫁や自己弁護のために独自の論理を展開し、一方的にまくし立ててるかも

しれません。

そんな場合は、言いたいだけ言わせておきましょう。動揺した相手は「わたしの言うことが聞けないなんておかしい」「あなたは間違っている」など、よけいなことまで言ってしまいがちです。

このようにボロを出したところで、「それは聞き捨てなりません」と訴えれば、相手は何も言えなくなります。理詰めでどんどん袋小路に追い詰めていくのです。

逃げ道を失っためんどうな人は、「これは分が悪い」と引き上げ始めるはずです。

自分からむやみに攻撃はしない

相手の逃げ道を封鎖する行為は、自分から行う必要はありません。相手に対してモヤモヤを感じ、「これはもう、ただ受け入れているだけではだめだ」と、思った場合にのみ迎え撃つぐらいの気持ちでいるのがいいでしょう。

そのためにも、動揺したり、カッとなったり、弱気になったりせずに、状況をしっかり把握し、冷静に対応することを心がけましょう。不毛な争いにならないように、自分の気持ちを知り、きちんと整理し、相手のことも見極めることが大切です。

あなたにいつもと違う気配を感じて、めんどうな人が撤退してくれるように、毅然とした態度で接してみましょう。

アドバイス

- **恋を横取りする人は、失恋した場合の予防線と優越感を得たいだけ**
- **強気に対応することで、相手を動揺させて本音をあぶり出す**

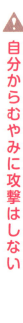

ほめ落としにはほめ返し！

相手を持ち上げつつ実は自分自慢の同級生

05

本心は自分をほめてほしいだけ

自分のことを卑下し相手をほめているようで、実は自分のいいところをアピールする人はけっこういます。こういう人の対応はめんどうですよね。そんな人たちと上手に付き合っていく方法を考えましょう。

【事例5】

「ハルミは化粧上手でブランドに詳しくて女子力高いよね。わたしは『どこのファンデーション使ってるの？』ってよく聞かれるけど、いつもすっぴんだから全然わからない」

ハルミさんと高校時代から仲のよいアツコさんは、会うたびにハルミさんの化粧をほめてくれます。

ハルミさんもはじめのうちこそアツコさんの言葉を素直に受け止め、使っている化粧品を教えてあげたりもしていました。

ところが、何度も同じことを言われると、「これって、わたしは化粧しないとダメってこと？　自分は肌がきれいって自慢？」と、何かスッキリしないものが残るようになってしまいました。

遠回りなアピールは迷惑！

ほめてほしくて遠回りする

アツコさんのような発言は、女性なら一度は耳にしたことがありませんか。これは結局、ハルミさんの美への意識をほめているのではなく、自分の素肌美をアピールしているのです。言われたハルミさんが、「結局はわたしをおとしめて、自分を持ち上げているのでは？」と感じてしまうのも当然です。

相手がこんな発言をする理由は、自分をほめてもらいたいのに、誰もほめてくれないから。自分が自慢に思っているほど、他人は自分の素肌美に気づいていない。そんな状況に不満を感じているけれど、「わたしって肌がきれいでしょ！　ほめて!!」と、ダイレクトには言えないため、このような遠回しな発言に至ってしまうのです。

また、ハルミさんに対して、自分のほうが美しい、という主張も含まれています。これも他人がそう言ってくれないので、自ら進んでアピールしようとしているのです。

ほめてくれた部分にお礼を言う

相手の発言が本意ではないと気づき、遠回しなアピールがうざったいな、と感じたときには、相手がほめてくれた部分だけを受け取って、とりあえずお礼を言いましょう。

ハルミさんのケースでいえば、アツコさんからアピールされたら、そのつど「アツコにそう言ってもらえるとうれしいよ。コスメは好きだから、けっこうマメに新商品をチェックしてるんだ」と答えておけば、相手の思惑にハマることはありません。

ハルミさんをおとしめ、自分のほうが上だとアピールすることが目的であるなら、ハルミさんが喜んでいる時点で張り合いは失せてしまうでしょう。

対抗意識を燃やされてもスルーする

本当に自分に自信があれば、自分のほうが上だとか下だとかを考えたりはしないものです。対抗意識を燃やすというのは、相手に対して劣等感がある、あるいは同等だと感じているため、その相手より優位に立ちたいと思っている証しです。

こういった人たちの言動をいちいち真に受けて気分を害していたら、それこそ思うツボです。

巻きこまれそうになったときは、お礼に加えて、めんどうな人をほめてあげるのもいいかもしれません。「ありがとう。あなたって、肌きれいだからね」と、にっこりとほほ笑んで、余裕を見せることも忘れずに。

アドバイス

- **自己アピールは真に受けない**
- **ほめてくれた部分に対してお礼を言って、さらにほめ返す**

わたしのほうが、あなたより上！

06 聞きたくない情報を親切ぶって話すママ友

人をおとしめたい欲求を隠し持つ

聞いてもいないのにいろんな情報を提供してくる人って、いますよね。よかれと思って「おせっかい」になってしまうこともありますが、ときには「おせっかい」の形に悪意を隠しているケースもあります。

【事例6】

「サエさんに伝えようか、迷ったんだけど……」

サエさんとイイジマさんは、住んでいる場所が近く、子どもの幼稚園が一緒

のため、お付き合いがあります。
けれど、イイジマさんは、しばしば聞きたくない情報を提供してくるので、サエさんは苦手に感じています。

「幼稚園の先生がね、サエさんの笑顔をあまり見たことないから怖いって言ってたよ。サエさんは、誤解されやすいのね」

サエさんが個人主義者なため、周りの人が悪い印象を持っているとも、イイジマさんは言います。

たしかにサエさんは他人とコミュニケーションを取るのがそれほど得意ではありません。また、おとなしい性格でもあるので、うまく言い返すこともできません。

そのため、こういった話を聞かされるたび、サエさんはますます人とコミュニケーションを取るのがおっくうになってしまいます。

人をおとしめることで優位性を実感

イイジマさんが、サエさんにとってあまり好ましくない情報をあえて提供する理由は、サエさんを「かわいそうな人」と見下すことで、「自分のほうが上」に立っていることを実感したいからです。

このような人に狙われやすい代表的なタイプは、自己主張が苦手な人です。嫌なことを言われたり、されたりしても、相手に対して非難や反論をなかなかできません。

また、上に立ちたがる人は往々にして、自分の特性を無意識に把握していま す。なので、職場では上司、家庭では親や姑など、その立場を利用して、自分の思いどおりになりそうな人を狙います。狙われた人は、立場をふりかざされると何も言えずに萎縮してしまうものです。

こういった「優位に立ちたい」という欲求の根本は、「劣等コンプレックス」です。「劣等コンプレックス」とは、「劣等感」を行動で解消しようとせず、努力をあきらめてしまうこと。

成功している人の悪口を言ったり、自分のほうが優れているとアピールをしたり、「劣等コンプレックス」を持った人たちは、自分を高めることではなく、人をおとしめることで、こじれたコンプレックスを解消しようとします。

イイジマさんは、サエさんに対して何かしらのコンプレックスを抱いているのでしょう。それが何かは本人もわかっていないところなのかもしれません。

周囲の評価が気になってしまう

逆に、狙われてしまう人が、自分の意思をはっきり主張できない理由は、相手や周囲からどう思われるかが気になるからです。

自分の行動や思考を「周りの人から変に思われたくない」「冷たい」「趣味が悪い」「利己主義」などのネガティブな評価にさらされたくない、という思いの表れでもあります。

ほかにも、自分の発言で相手を傷つけたり、よけいなトラブルを引き起こしたりすることは避けたいという気持ちも持っています。

強気な態度に出られると萎縮してしまう

派手なふるまいで社交的な人と、インドアでおとなしい人とで

おとなしく弱気な人は狙われやすい

は、性格も人との関わり方もまったく違います。こういったタイプの違う人たちが同じ集団に所属していた場合、おとなしい人は強引な人に巻き込まれてしまい、本心は「そんなのイヤだな」「わたしのしたいようにさせて」と思っても、それをうまく伝えられず、結局は相手に従ってしまうということも少なくありません。

このような関係性が続いてしまうと、いざ自分が主張したときに相手に受け入れてもらえず、それどころかさらにめんどうなことに陥ってしまう場合もあります。「劣等コンプレックス」の被害に遭いそうになったときは、「その話、また今度にしてもいい？」などと、それとなく意思表示して回避しましょう。

小さなことでも、モヤモヤを感じたときには主張してください。

たとえ相手に受け入れてもらえなかったとしても、「自分は主張できた」と自信を持つことが大切です。

アドバイス

- **「劣等コンプレックス」を持った人は、他人をおとしめようとする**
- **モヤモヤしたら、結果はどうあれ主張することが自信につながる**

あなたにはわたしが必要なのよ！

プロデューサー気分で考えを押しつける恋人

07

自分の重要性をアピールしたい欲求

自信満々で、迷いなく自分の意見を言える人は、堂々としていてかっこいいですよね。けれど、下手をすると猪突猛進。自信が暴走に変わって、誰かの迷惑になってしまっているケースもあるのです。

【事例7】

ヨウジさんとアサミさんは付き合い始めて半年が経ちます。アサミさんは、かわいくてスタイル抜群、活発なうえ、ファッションやカルチャーの知識も豊

富、そのセンスもよいので、ヨウジさんの自慢の彼女です。

ただ、アサミさんには強引な面があります。

「せっかくのお休みなのに、一日中家で過ごすなんてあなたらしくないわ」

仕事で疲れた休日に、外へ連れ出されるのは日常茶飯事。のんびり過ごしたいと思っていた夏休みにも、「あなたは好奇心旺盛なんだから、そんなつまらないこと言わないで」と、連日出かけることになってしまいました。

食べものからファッション、映

画、音楽の趣味まで、何かと決めつけてくるアサミさんに、ヨウジさんは少し疲れを感じ始めています。

最高の理解者か征服者か

自分の考えを押しつけようとする人は、自分の価値観が一番と信じています。そのため、他人の意見を聞こうとはしません。「自分の価値観に賛成するのが相手のためにもなるので、相手は反対せずに従うべきだ」という信念のようなものを持っています。

相手に対して、「あなたらしくない」「あなたのためによくない」などと、まるで、「あなたのことは自分がよくわかっている」とばかりに、最高の理解者のようにふるまいます。

恋人を自分の理想の形に押し込め、プロデューサー的な行動を取ってしまう理由に、相手にとって「自分がもっとも重要な存在である」という主張が含まれています。そのため、自分がいなかったら、あなたはつまらない人になってしまう、輝いていられない、といったニュアンスの発言をする場合があるのでしょう。

自分が必要だと思わせていたいという欲求は、彼女の愛情でもあり、強い支配欲の表れでもあるのです。

いいなりになってばかりいると支配される

相手が「よかれと思って」していることが大きなお世話、という例はほかにも挙げられます。上司からのお誘い、姑からの贈り物など、自分よりも立場が上の人からの善意は、なかなか断りにくいものです。

たとえば、ある独身社員が上司に「休日は家でゴロゴロしてます」と話したところ、「寂しい独り身だから」と、週末のたびに自宅に招かれ、上司の家族と一緒に食事をするようになったそうです。

上司も親切心から誘っているのでしょう。ただ、こう頻繁だと、親切心も精神的に負担です。一度「家族水入らずを邪魔しては申し訳ない」と断ったのですが、ムッとした表情で「かまわないから」と聞き入れてもらえませんでした。

結局「下手に断って気まずくなるより、いいなりになったほうが楽」と、気疲れするのがわかりつつ、上司の主張を受け入れるしかありません。

この上司は、相手のためを装いながら自分への異論に耳を貸さず、相手の行動を支配しています。相手に合わせてしまう人を狙う際の典型的なパターンです。

ぐいぐい押されるとあきらめてしまう……

「よかれと思って」に惑わされない

このように、めんどうな人は、自分の意見に従わない人に対して、正論を主張して支配しようとしてきます。「それに抵抗するのはしんどい」という気持ちはわかりますが、あきらめ上手でいると、めんどうな人の支配下に置かれてしまいます。

恋人や直属の上司、親兄弟など、近しい関係でこのままの状態が続くと、ずっとコントロールされたまま抜け出せなくなる可能性があります。

このような状態を決定づけないためにも、親切の押し売りには「友人と予定があるから」「彼女ができました」のように、ささやかな嘘を交えてもいいので、具体的な理由を告げて毅然とした態度を示しましょう。自分が健やかでいるためには、少しぐらいずるい手を使ってみてもいいのですよ。

アドバイス

- あきらめてばかりいると支配されてしまう
- ときにはささやかな嘘を利用するのもOK

「涙」の乱用に要注意！

泣けば許されると思っている女子集団

08

「いまはそれどころじゃない」で許される!?

「女の武器は涙」といいますが、たしかに泣いている人に対して、強い態度には出られないですよね。また、涙もろい人は頼りなげで、優しそうに見えるもの。けれど、すべてがそのパターンとは限らないので要注意です。

【事例7】

アシダ店長が経営しているカフェでの出来事。遅番で入っているバイトの女の子たち数人が、時間になってもなかなか店に出てこないことに気がついて、休憩室まで呼びに行きました。

そこで見たのは、泣きじゃくっているひとりの女の子を、涙ぐんだバイトの女の子たち全員が取り囲んでいる光景。

「みんな、もう16時を過ぎてるよ」

事情はさっぱりわからないけれど、お店が混み始めてきたので、アシダ店長はひとまず声をかけました。

すると、「それどころじゃないんです……」と返事が。どうやら、みんなで友人の失恋を慰めていたようです。しかし、いつまでもこれでは仕事が回りません。

同情しない人は“悪者”!

「仕事中だよ。お客さんがいるから、店に出て」と訴えたところ、「こんなに傷ついて、こんなに泣いてるのにそんなことを言えるなんて、店長は人としておかしい」と、冷血漢扱いされてしまいました。

「かわいそう」だから「優遇されて当然」の意識

この結束が固い女子集団は、頻繁に「かわいそうなのよ」アピールをしています。かわいそうなのだから優遇されて当然、という意識を持ち、それを許してくれない相手に対しては「冷たい」「人として最低」と非難します。

かわいそうなのだから、遅刻しても仕方ないじゃない。かわいそうなのだから、仕事しなくても大目に見て。かわいそうなのだから、ひどいこと言っても許して。

この意識は、サークルや趣味の集まり、女子会の場では通用することもあるでしょう。しかし、仕事の場では誰かにしわ寄せが及んでしまいます。

連帯感が強くて困っちゃう……

結託してさらに強まるオリジナルルール

彼女たちはこのルールが正しいと思いこんでいるからこそ、臆することなく、店長に対して強い態度に出ています。同士が多ければ多いほど、さらに結託し、ルールは正当化され、店長はすっかり〝悪役〟にされてしまうのです。

彼女たちは、かわいそうな友人を一生懸命慰め、力づけ、その痛みを分かち合うことで、連帯感を確認しています。そして、お互いをほめ合うことによって、仲間のきずなを深めています。

賃金が発生している以上、責任感をもって仕事に取り組むべき、などという意識は、連帯感に陶酔している彼女たちには通じません。

今回だけならまだしも、今後もこのようなことが続くのであれば、アシダ店長はバイトの入れ替えを考えたほうがよいのかもしれませんね。

「正しさ」を盾にとって責めたてる

世の中の人のほとんどが、常に「正しく」行動できるわけではありません。そこにつけ込み、一般的に〝善〟とされている倫理感・道徳観をふりかざして、同情や共感を得ようとする人がいます。このバイトの女の子たちもこれに当たります。

このような例は、誰でもごく普通に経験しているでしょう。自分の交友関係に何かと口をはさむ母親に対して、そんなことまでとやかく言われたくないと突っぱねたところ、「ここまで大きくしてあげたのに、親に感謝の気持ちがないのね」と、落胆された経験はありませんか？

また、落ち込んで泣いている友人から「飲みに行かない？」と誘われて、「ごめん、明日朝早くから仕事だから」と断ったところ、「友だちが泣いているのに、放っておくんだ」と、さらに泣かれてしまった経験もありませんか？

罪悪感をかき立てて支配をたくらむ

バイトの女の子たちをはじめ、こういっためんどうな人は、「傷ついているのに」「あなたの親なのに」「泣いているのに」と、自分の立場や状況を引き合いに出

「正論」をヒステリックに訴える人々

し、思うように応じてくれない人を責めてきます。

このように責められてしまうと、自分が悪いことをしているような気分になって、相手に従わざるを得なくなります。

めんどうな人は相手に罪悪感を抱かせ、同情や正論といったモラルを武器に相手をコントロールしようとします。心根の優しい人なら、「わかったから、もう泣かないで」と思惑どおりに行動してしまうこともあるでしょう。

これではめんどうな人の支配に屈伏した形となり、後からモヤモヤした気持ちがわき起こったり、どこかにすっきりしない思いが残ってしまったりなど、心にわだかまりが残ってしまいます。

自分の気持ちに素直に従う

このような場合は、まず、めんどうな人の言う〝モラル〟よりも、自分の気持ちに従うことが重要です。めんどうな人の主張でなく、自分はどうしたいか、もしくは相手にどうしてもらいたいかをきちんと見極めましょう。

「いまは仕事をしてもらいたい」「友だちのことは自分で決めたい」「体調管理はきちんとしたい」など、自分の思いを素直に告げることが大切です。

そのうえで、「傷ついた気持ちはわかってる。何も手がつかないよね。交代で慰めてあげようよ」「お母さんには感謝してる。だからこそ、友だちのことで心配かけないようにちゃんとしているよ。そこは信頼してほしいな」「お互い落ち着いてからのほうが、ゆっくり話せると思うから」など、相手を思いやる気持ちも伝えるようにしましょう。

もし、めんどうな人が理解してくれなかったとしても、それでもかまわないのです。自分の思いをきちんと告げることが、めんどうな人から自分の心を守ることにつながります。

モラルを盾に罪悪感をコントロールされてしまうと、あなたの大切な心の領域がどんどん侵され、つらい思いをすることになります。

アドバイス

- めんどうな人はモラルを引き合いに罪悪感を刺激してくる
- モラルよりも自分の気持ちを大切に

第3章

認識編

めんどうな人がターゲットにする人

実は、「めんどうな人」は
誰かれかまわず関わろうとしているわけではありません。
彼らは、自分に都合がいいと思える相手だけを
ターゲットにします。
ここでは「めんどうな人」に狙われやすい人について
解説していきましょう。

決断できないとつけこまれて……

優柔不断で煮えきらず心が揺れてしまう人

01

決められないことを後ろめたく感じる

主張の強い相手に、気持ちをしっかりと伝えないでいると、その優柔不断な態度につけこまれてしまいます。自分の意思がはっきり定まっていない人は、めんどうな人に巻き込まれる可能性が高いです。

優柔不断な人は、心で思っていることがあったとしても、なかなか口に出せません。感情や考えが明確な言葉として形づくられていないため、「どう思っているの」と詰め寄られると、萎縮してしまうのです。

詰め寄られると発言できない……

「何か言わないと」と、焦れば焦るほどかえって何も言えなくなるものです。何も言えずにいると、「なんで決められないの」「決まってないならいいじゃない」と、さらに責められ、「自分が悪いのかな」と思えてしまうこともあるでしょう。

でも、物事を決断するペースは人それぞれです。無理に合わせて、相手のペースに巻き込まれてしまうと、ストレスとなり疲れてしまいます。

優柔不断は、決して悪いことではありません。まずは自分のペースを大切にして、そのうえで、「自分が感じたこと」を、相手に伝えるようにしましょう。

考えが定まっていなくてもOK

具体的な考えを持っていなかったとしても、臆することはありません。自分のなかにある本心と事実をきちんと把握して、「まだ考えはまとまってないけど、こう感じている」ということを、少しずつでも伝えることが大切です。

そのうえで、相手の要求を断ったり、はっきりと意志を伝える練習をしてみましょう。最初はちょっと勇気がいるかもしれませんが、自分の主張はわがままでもなく、反感を買うようなことでもない、ということを自覚して、心を強く持つことです。

アドバイス

- **決断するときは自分のペースを守っても大丈夫**
- **考えがまとまっていなくても、感じていることを伝えるのが大切**

あなたの思いやりが裏目に……

相手の意見を受け入れ上手に合わせてしまう人

02

相手に合わせられる人は、相手の立場を思いやることができ、誰からも好かれ、付き合いやすい人として認識されます。けれど、めんどうな人はその優しさにつけこんできます。巻き込まれないように注意が必要です。

知らず知らずのうちに我慢しすぎていませんか

ちょっとした意見の対立や行き違いがあったとき、ささいなことでも「絶対に自分の意見を通したい」と思う人もいれば、ささいなことなら「ま、いいか」「そう言われればそうかな」と、相手の意見に合わせられる人もいます。

相手に合わせられる人は、そもそもおおらかな性格です。心に引っかかりがあっても、少々のことなら「とくにこだわってないし」「争うなら我慢しよう」と、意見の違いを飲み込んでしまいます。

たとえば「コンビニ弁当はうまいよな」と同意を求められ、「そうかな？」と思っても「こんなに言ってるんだから、合わせてあげよう」となる人もいるでしょう。

コンビニ弁当の味程度のことならいいですが、めんどうな人は善意や同情などを盾に、おおらかさにつけこむことがあります。

相手に合わせすぎるとつらい目に合います

めんどうな人は善意を盾に言いくるめてくる

出産を機に仕事を辞めた奥さんが、旦那さんに「また仕事をしたい」と言ったところ、「子どもが熱を出したとき、君が早退すると会社に迷惑をかけるし、君の身体にも負担がかかって心配だ」と、反対されました。どこか引っかかりを感じながらも、「それもそうかな」と、結局仕事復帰をあきらめたそうです。

一見すると、奥さんを心配するいい旦那さんですが、発言をよく考えると、自分は子どもの世話をする気がないことがわかります。相手を思いやっているという体裁を取りながら、奥さんの性格につけこんでるだけです。

このように相手に合わせる状況が続くと、本意ではない結果が積み重なり、いつの間にか心を疲弊させてしまいます。一番大切なのは自分の考え、感情です。つけこまれないためにも、無理に周りに合わせる必要はないのです。

アドバイス

- **めんどうな人は思いやっているふりをしながら自分の意見を押しとおす**
- **無理に相手に合わせる必要はない**

すぐ「自分のせい」だと思ってしまう……

03 失敗ばかり考えて自分に自信が持てない人

劣等感と罪悪感が利用される

自分に自信が持てず、他人から道理に合わないことを言われても反論できない。もめごとが起きると「自分に原因があったらどうしよう」などと思ってしまう。このような人はめんどうな人の格好のターゲットとなります。

自信がない人は、何かよくないことがあると、「自分のせい？」と考える傾向にあります。めんどうな人は、そんな罪悪感をコントロールするのが上手です。勝手な理屈をまくしたて、責任を転嫁し、罪悪感をあおります。

自信が持てない人は、自分よりも他人のほうが秀でているように感じてしまいがちです。とくに、自信満々の相手に対しては、強い劣等感を抱いてしまうようです。

たとえば、自分のアイデアを他人が勝手に利用したとしても、「もとはあなたのアイデアかもしれないが、さらに優れたものにしたからわたしのアイデアだ」と、屁理屈でも相手に強く主張されると、「たしかに自分だとここまでは無理かも」と思ってしまいます。

自分の考えよりも、他人の意見を信じることが多いようです。

周囲の評価を気にしすぎて操り人形に……

成功に失敗はつきもの

自分に自信がない人は、自分の意思に従って行動するのではなく、人の意見に合わせようとするので、めんどうな人に丸め込まれたり、ふり回されたりすることが少なくありません。

また、自信がない人は、失敗したときのことを考えて不安になります。何か物事を進めていく際に、責任やリスクを背負ってまで主張すべきことなのか、と足がすくみ、他人に従ってしまうのです。

挑戦や実践にリスクはつきものです。その分、見返りや達成感が大きい。人生において、ここぞ、というときには不安や恐れを感じても、勇気を出して主張してみましょう。仮に失敗したとしても、それは大きな糧となり、自信にもつながるはずです。

アドバイス

- **劣等感から相手に従ってしまう**
- **失敗を恐れず、主張する勇気を持つこと**

他人にどう思われているのか……

周りの評価が気になってしまう人

04

他人の評価に対する不安が根底にある

他人からの評価が何かと気になってしまう人は、自分に自信がありません。自信のなさから他人の目が気になり、他人の欲求に従ってしまいがち。めんどうな人はそこを見逃さず、自分の都合のいいようにふり回そうとします。

自分に自信のない人は、他人からどう思われるかが気になって仕方がありません。「こう言うと、悪い人とかバカだと思われるかも」「断ったら、付き合いが悪いとか自分勝手と思われないかな」など、他人の評価に対する不安が、自

信のなさの根底にあります。

そこには、「他人から嫌われたらどうしよう」という恐怖心に加え、「好かれたい」「認められたい」という欲求も強く存在していま す。なので、他人から好かれ、認められるために、他人の作り上げたイメージになろうとします。

相手からの評価が気になり、他人の欲求に従ってしまうと、自分の本意でないことが増え、息苦しさを感じてしまうでしょう。

このままでは、相手にとって都合のいい操り人形になってしまいます。

また、相手が自信のない人を巧妙に操っているように見えますが、「嫌われるのが怖い」という思いが、相手の攻撃を増幅している原因にもなっています。

嫌われることを恐れない勇気を持つ

世の中にはたくさんの人がいて、それぞれに考え方も趣向も生き方も違います。万人から愛される人なんて存在しません。「みんなに嫌われたくない」と思うのでなく、「みんなから好かれることはない」と考えてください。

自分に自信のない人は、「どうせ」や「自分なんか」と、よく口にします。このようなネガティブな評価は捨てて、自分を大切にしましょう。

そのうえで、嫌われることを必要以上に恐れないように、意識を少しずつ変えていけばいいのです。

アドバイス

・他人に合わせてばかりいたら操り人形になってしまう
・「世の中の人全員から好かれることはない」と考える

第4章

対策編

めんどうな人と上手に付き合う方法

ここから先は、「めんどうな人」とどう付き合い、
対処していけばいいのかをお伝えしていきましょう。
なぜか心の中にモヤモヤを感じる、
自分がおかしいのかもしれない、
と思ったらそれは心のサインです。
放っておかずに、自分の気持ちときちんと向き合い、
相手との付き合い方を考えていきましょう。

心のサインがわかれば解決策も見つかる

自分のなかのモヤモヤを正しく感じとる

01

心のなかをきちんと見つめることが大切

めんどうな人と付き合っていくうちに、心のなかにモヤモヤを感じるようになったら、それは心のサインです。「大したことじゃないし」と放っておかずに、きちんと向き合いましょう。それが心の健康を保つ第一歩となります。

めんどうな人と一緒にいることで、心のざわつきや、落ち着かない気持ちを自覚したとき、「わたしが変なのかな」「みんなから〝いい人〟と評判の人を悪く思うなんて」と自分を責めたりせず、「いま不快に感じた」「理由はわからないけど、モヤモヤする」ということをしっかりと認識しましょう。

　自分の気持ちに気づくことができたなら、後は原因を探っていけばいいだけのこと。「不快」に感じた理由を見極めれば、解決策を練ることもできます。また、「なぜモヤモヤするのだろう?」と自己分析すれば、相手との関わり方を改められます。

　たとえ周りが「いい人」と評価していたとしても、あなたにとっては「苦手な人」でいいのです。無理に周囲に合わせず、自分を楽にしてあげましょう。

心のモヤモヤに気づくことが大切

⚠ モヤモヤする理由を考える

恋人との共通の友人女性にモヤっとしてしまう女性の話。友人女性は、彼女に「この店、彼が気に入ってたから、今度一緒に行ってみたら？」などと、彼についてよくアドバイスをしてきます。こういった発言に彼女はモヤっとするのですが、よかれと思って言っているのだからと、罪悪感を覚えてしまいます。

彼女の場合、友人女性の「自分のほうが彼のことをよく知っている」アピールと、それに伴う友人女性の軽い嫉妬心が、心地よくない原因でしょう。

このように原因がわかれば、相手と距離を置いたり、付き合うときは誰か別の人に同席してもらったりと、解決する方法はいくらでも見つかるはずです。

自分の気持ちを知り、苦手意識の本質を見極め、心地よい状態を探る。これが、モヤモヤをふり払うためのポイントといえます。

アドバイス

- **まずはモヤモヤを自覚することが大事**
- **苦手な理由がわかれば解決策も見つかる**

02

自分を「悪い人」だと思わない

ネガティブな感情を否定せずに受け入れる

悪い感情が「悪い」わけではない

相手に対してネガティブな感情を抱いても、「でも悪い人じゃないし」と自分の気持ちに嘘をついていませんか。心が健やかでいるためには、相手を苦手と感じたときに、それを認めることが重要なのです。

普通に生活していると、ときには仲のいい友人やお世話になっている上司に対して、「めんどうだな……」と感じることもあるでしょう。そう感じたことに罪悪感を抱いて、「友だちなんだから」とか、「部下思いの優しい上司なんだ

から」などと、無理に気持ちを押し込める必要はありません。かえってモヤモヤしてしまいます。

この世には、パーフェクトに「いい人」など、まず存在しません。みんなから「いい人」と言われているような人だって、悪い感情、よからぬ欲求、意地悪な気持ちをはじめ、他人には読み取れない複雑な感情や、いろいろな一面を持ち合わせているものです。

この世には完璧な善人はいない

悪い感情も含めて、あなたはあ

なたなのですから、そういう面も否定せず、「わたしはこういう人間なんだ」と、自分を認めてあげましょう。

このような感情にフタをして、無理に相手に合わせたり、自分の気持ちを偽ったりすると、モヤモヤはよけいに大きくなっていくだけです。

自分の気持ちを素直に認めることで、自分がどのような人、どのようなことに対して、「嫌だ」「苦手だ」と感じるのかもわかってきます。苦手なものが把握できれば、めんどうな人の見極めにも役立つでしょう。

相手を「苦手」と思うことに対して、「こんなことを考えるなんて、わたしって嫌な人間」と罪悪感を抱いたりせずに、ネガティブな感情も含めて、自分の気持ちを受け入れることが大切です。

アドバイス

- **この世に完璧な善人など存在しない**
- **ネガティブな感情も自分の要素のひとつ**

自分自身を大事に守ってあげる

周囲への気遣いはいったん忘れる

03

自分の気持ちを優先して物事を考える

気の進まない誘いを受けたとき、「断ったら角が立つかも」と考えて相手に従い、モヤモヤが心のなかに広がってしまうこともあるでしょう。そんなときは、周囲への気遣いをひとまず忘れてみるのもひとつの手です。

すでに述べたように、モヤモヤした気持ちをふり払うには、自分の気持ちに正直になる必要があります。

「角が立つかも」「感じが悪いと思われるかも」などは、相手に合わせた他人が中心の考え方です。

　同様に、何か行動を起こすときに、「こうすべきだ」「こうしなくてはいけない」と考えて行動することは、他人や社会的ルールを基準にしています。

　このような言動をし続けて、モヤモヤが溜まったり、疲れを感じたりしたなら、「～すべき」や「～しなくては」という考え方が心をむしばんでいる可能性があります。

　そんなときは、周囲への気遣いやこういった基準を一度捨てて、もっと自分の気持ちに素直に従ってみましょう。

素直な気持ちの方向へ進もう

⚠ 自分の感情を優先する

自分の気持ちに素直に従うというのは、何かを行うときや決めるときに、したいかしたくないか、あるいは、好きか嫌いか、心地よいかよくないか、といった自分の判断を優先させていくことです。

これまで、相手の考え方や感情を優先して行動してきた人にとっては、そのような自分の行動がわがままに感じられるかもしれません。しかし、自分の気持ちに寄り添わないでいるうちは、結局、モヤモヤしたり、居心地の悪い思いを感じたりすることになります。

自分の感情を優先することによって心地よさを実感することができれば、自然とめんどうな人に巻き込まれないような行動が取れるようになるでしょう。

アドバイス

- 「〜すべき」「〜しなくては」と考えるのをやめる
- 自分の感情を優先して心地よさを実感する

心のなかをお片付け

日記をつけて自分の感情を整理する

04

日記に書き出すことで冷静になれる

めんどうな人に強く言われたり、やたらと親身になられたりすると、自分の気持ちや考えを見失い、物事を自分で決められなくなってしまいます。そういったことを予防するのに最適な日々の習慣があります。

これまで自分の気持ちに素直になるよう述べてきましたが、その自分の気持ちや考えがよくわからなくなると、安易に相手の意見に乗ってしまったり、相手に合わせてしまったりしがちです。そうすると、いつの間にか、めんどうな

今日あったことを日記に書くと◎

人に支配されてしまいます。

そんな自分の気持ちや考えを見失っているという人には、日記を書くことをおすすめします。

毎日、簡単な文章でかまわないので、その日に行ったことと、自分が感じたことや思ったことを書き留めていくのです。

客観的な出来事を半分、主観的な感想や考えを半分くらいの割合で書くのがベストです。

少し冷静になってその日のことを思い出し、書き留めるという行為は、自分の気持ちを整理するのにとても効果的です。混乱していた心を落ち着かせることができ、自分の本当の気持ちにも気づくことができるでしょう。

知識の量が自信につながる

また、日頃から、本をよく読むようにするのもおすすめです。自分自身が実際に体験できることなど、そんなに多くはありません。さまざまなジャンルの本を読んで、多くのことを知っておくことで、自分にしっくり合った思考や思想とも出会うことができます。

何も知識がないまっさらな状態で攻撃を受けると、抵抗もできず、めんどうな人に巻き込まれやすくなります。本を読んで、いろいろな知識を得ていれば、自分が混乱するのを防げます。また知識の量は自信にもつながるでしょう。

アドバイス

- **気持ちを整理するために日記を書こう**
- **本をたくさん読んで知識を増やすのもおすすめ**

相手の課題は相手が解決すべし

相手を変えるより自分が変わる

05

めんどうな人に我慢の限界を感じ、「口出ししないで」「あなた、ちょっとおかしいよ」と、言いたくなることもあるでしょう。ですが、訴えたところで相手は理解してくれません。自分が変わるほうが手っ取り早いでしょう。

状況を変えるには自分が変わるしかない

心理学には、「課題の分離」という考え方があります。「対人関係の課題は分離すべき」と説明されます。簡単に言うと、「他人の課題は他人が解決すべきもの。自分の課題は自分が解決すべきもの」という考え方です。

つまり、めんどうな人の言動に問題があるからといって、それをあなたが改めようと試みても、めんどうな人の課題は本人が解決すべきことであって、あなたがどうこうできるものではないのです。

「あの人のめんどうな部分を自分が変えてやろう」「根本的なコンプレックスをなくすために、こうしてあげよう」などと思って接すれば接するほど、相手はひがんだり、「上から目線でそんなこと言うな」と反発したりします。

そもそも、その考え方自体が、めんどうな人の心理と同じです。

自分が相手を変えることはできない

相手のことより自分のことを考える

人が人にアプローチするのには限界があります。その人のコンプレックスを解消するのは、その人の課題です。それを自分がなんとかしようとは思わないことです。それよりも、自分の課題、つまり自分の気持ちをきちんと整理することを考えてください。

そして、自分がどう変わればいいのかを決めてください。「相手への依存をやめる」「攻められるスキを作らない」「精神的に強くなる」など、どんなことでもかまいません。

それさえ決まれば、「必要なとき以外は近づかない」「命令に従わない」「誘いを断る」「抵抗する」「無視する」など、自分が変わるために必要なアクションを見出すことができるでしょう。

アドバイス

- **他人を変えることは困難。それよりも自分を変えること**
- **どう変わればいいのかを決めると、取るべき行動も決まる**

めんどうな人から距離を置く

いろいろな集団に所属して逃げ場所をキープ

06

所属する集団が逃げ道となる

めんどうな人から自分の身を守るには、めんどうな人の影響が及ばない居心地のいい場所を見つけるのが一番です。ただ、それがひとつだけだと、その場所がなくなったときに困ります。できるだけ数多く確保しておくべきです。

めんどうな人に対するモヤモヤを解消するには、「逃げる（＝距離を置く）」のも合理的な方法だと、すでに述べました。少なくとも相手から離れている間は、モヤモヤする心配はありません。

逃げ道はたくさん用意しておく

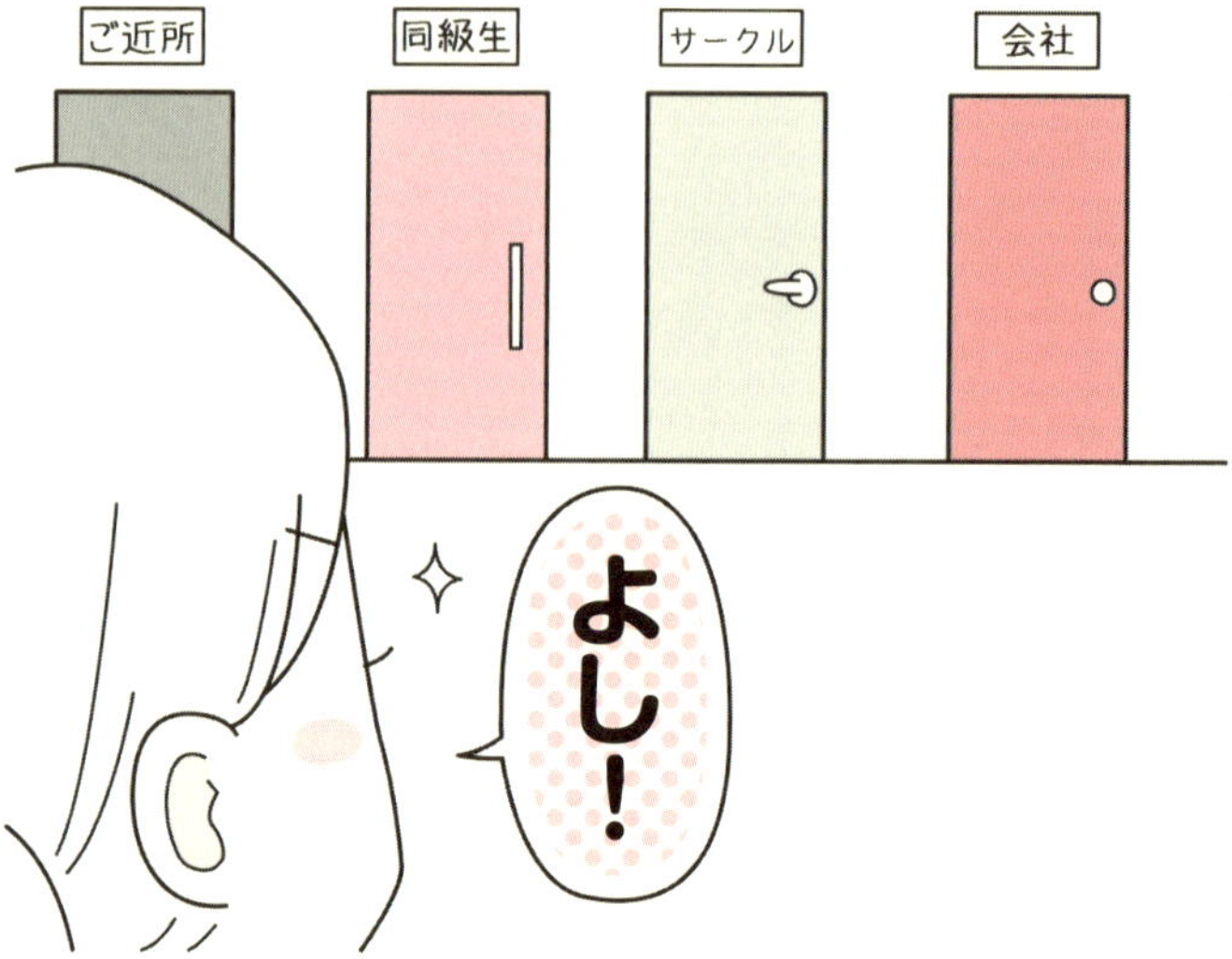

ただ、逃げるにしても、事前に逃げ道を用意しておかないと、いざというときに動けなくなります。逃げ道はたくさん用意しておくのが理想的です。

逃げ道が多いとモヤモヤ解消に効果的

手っ取り早いのは、いろいろな集団に所属することです。たとえば、趣味のサークル、自己啓発セミナー、同窓会、ボランティアグループ、仕事に関係する勉強会など、なんでもかまいません。自分がモヤモヤを感じている人との関係性がなく、心地よく過ごせる場所がいいでしょう。

いろいろな集団に所属しなくても、地元に帰って家族や幼なじみ、学生時代の友人と会うというのも方法のひとつです。

所属しているのが、めんどうな人も関わっている職場だけ、サークルだけだと、めんどうな人から遠ざかることができず、逃げ場がありません。

このように逃げ道をたくさん用意しておけば、ストレスやモヤモヤの解消に効果的です。また、めんどうな人から精神的に追い詰められることがなく、ほどよい距離感をキープすることができるでしょう。

めんどうな人がメリットになることもある

距離を置くといっても、相手から完全に離れる必要はありません。「この人は苦手」「あの人はうざったい」などと選別を繰り返し、距離ばかり置いていたら、そのうちひとりぼっちになってしまう可能性もあります。何が何でも、すべてを断ち切らなければいけないということはありません。オール・オア・

ナッシングである必要はないのです。

めんどうな人のおせっかいが、自分にとってプラスに働く場合も当然あります。すべてを否定するのではなく、その点は恩恵に授かるべきです。

決して〝いいとこ取り〟をしろと言っているのではありません。いい部分は躊躇せず受け取って、さまざまな人と付き合っていけばいいのです。

「支配欲や優位性の維持というめんどうな部分からは距離を置きつつ、いい部分はありがたく受け取る」という形がベストでしょう。

アドバイス

- いろいろな集団に所属して逃げ道を用意しておく
- めんどうだからといって、完全に距離を置く必要はない

第5章

予防編

めんどうな人にならないために

本書では、たくさんの「めんどうな人」の
ケースを見てきました。
実は、誰しもが誰かにとっての「めんどうな人」である
可能性を秘めています。
もちろん、ここを読んでいるあなたも例外ではありません。
少しだけ自分自身をふり返ってみましょう。

自分をふり返ってみる

自分もめんどうな人になっている可能性がある

01

あなたは本当に大丈夫？

本書を読んでいて、「これ、もしかしたら自分もやってしまってるかも？」「この人、自分に似てる」と感じた人も少なくないでしょう。このような人はかなり冷静です。気づくことは、めんどうな人から脱する第一歩となります。

めんどうな人の根底にある「支配欲求」や「優位性の維持欲求」は、本人に自覚がないことがほとんどです。つまり、誰もが気づかないうちに、誰かにとっての「めんどうな人」になっている可能性があります。本書を読んでいるあなたも例外ではありません。

本書では、さまざまなタイプのめんどうな人について紹介してきました。読みながら、「ああ、いるいるこんな人」「会社のAさんみたい」「ママ友のBさんに似てる」と、身近な人の顔が浮かぶこともあったと思います。

そんななかで、「私もめんどうな人と同じ傾向にあるかも……」と思ったなら、少し自分をふり返ってみてください。

また、「わたしはめんどうな人みたいなことやっていない！」と胸を張っている人にも、もう一

もしかしたら自分も……

度、自分を謙虚に見つめ直すことをおすすめします。自分の好意や価値観を他人に押しつけていないでしょうか？

自分の「好意」を見直す

「好意や価値観の押しつけ」とは、あなたが「よかれ」と思っていても、その気持ちが人によっては迷惑になることを指します。本書でも、ここまでにそういった事例をいくつも挙げてきました。

改めてふり返ってみてください。いままであなたが相手のためを思って取った行動によって、相手が困った様子だったり、急に機嫌が悪くなったり、なぜか迷惑がったりしていた記憶はないでしょうか。もしくは、表情にこそ出てはいないけれど、実は心のなかで、不快な感情を抱いていたり、深く傷ついていたり、嫌がっていたりということもあったかもしれません。

あなたの親切が相手にとってはよけいなお世話、つまりあなたがめんどうな人になっているかもしれないということを忘れてはいけません。

相手の立場や考えへの理解が必要

あなたの言動を〝無用の親切〟にしないためには、相手の立場や考え方を理解し、相手が本当にそれを欲しているのかを検討してください。

冷静に判断して「やはり行動したほうがいい」と思えたのなら、「よけいなお世話だったらごめんね」「無理に合わせなくていいからね」などと前置きしたうえで、相手に寄り添うように接してみるといいでしょう。

もし、「ああ、自分もめんどうな人になっている」と気づいたら、そのときは反省して、素直に態度を改めてください。

アドバイス

- **自分もめんどうな人になっていないかをふり返る**
- **相手にとって本当にいいことなのかを見直してみる**

思考を止めないことが大切

集団に呑み込まれるとめんどうな人になる？

02

集団に属していると、あなた自身が気づかないうちに、集団の論理に呑まれ、いじめやパワハラの標的を作りあげていることがあります。このようなめんどうな人にならないためには、周りに流されず自分の頭で考えることが大切です。

「みんながやっている」は危険！

本書では、めんどうな人を生み出す集団の怖さの事例も見てきました。集団に所属している人たちのルールや常識、価値観が絶対視されると、ひとりひとりの価値観は無視され、ときにはいじめやパワハラにつながります。

このような集団のなかでは、誰もが気づかないうちに、めんどうな人となっている可能性があります。「会社のため」「チームのため」などと固いきずなで結ばれた場所にいるときは、ときおり注意が必要です。

集団に毒されて気づかぬうちに加害者に

和気あいあいとした雰囲気のなかで、チームに加わって日の浅い人や、周囲の関係者などに対して、「あの人、付き合い悪いよね」「なんで、ひとりだけあんなことしてるの？」「みんなもそう言ってるよ」などと口にしたり、思ったりした覚えはないでしょうか。

もしあるなら、あなたはめんどうな人の集団に毒されています。集団の価値観があなたの価値観になってしまうと、知らず知らずのうちに誰かを傷つけて、その人の身の置き場所を奪っている危険性が大です。

しかも、加害者となる人たちは、「みんなやってる」という連帯感から、罪悪感を感じないどころか、悪いことをしているという意識すらありません。

思考を止めないように意識する

集団のなかにあって、自分が加害者にならないためには、日頃から「集団に属してはいるけれど、自分は自分だ」と、しっかり自覚することが大切です。

そして、当たり前になっている自分たちのルールや常識を、ときには見直してみましょう。とくに問題がなくても、整理するだけでとらえ方が変わります。

また、「部長は、みんなのためだって言っていたけれど、みんなって誰のこと？」「うちのやり方とよそとはどう違うのかな？」など、何か疑問を抱いたら、きちんと自分の頭で考えてみるべきです。

組織の価値観や論理、常識に従うこと、連帯感や忠誠心に喜びを覚えることは、決して悪いことではありません。ただ、楽だからといって自らの思考を停止し、それらに流されると、またたく間にめんどうな人になってしまいますよ。

アドバイス

- **集団の常識や価値観を当然と思わない**
- **少しでも疑問を感じたら自分の頭で考え直してみる**

自分自身を徹底検証

03 自分がめんどうな人だと気づいたら

なぜそうなってしまったのかを考える

自分をふり返ってみて、「ああ、自分もめんどうな人になっている！」と気づいたら、そのときは反省すればいいのです。もちろん、どうしてそうなったのか、原因をきちんと探っていくことが重要です。

「もしかしたら、自分も友人に押しつけがましくしていたかもしれない」
「そういえば、この前の女子会、すべて自分で勝手に仕切っちゃったけど」
「後輩に、よけいなこと言っちゃったかしら……」

このようなことは、胸に手を当てて考えてみれば、誰でもひとつやふたつ思い当たる節があるのではないのでしょうか。

あなたが相手にしてあげたことが、本当に相手のためで、なおかつ相手の望んだことであるなら、何も問題はないはずです。

でも「もしかしたら」と、頭に浮かんだということは、強引さ、ひとりよがり、やましさなど、自分の行動に何かしら引っかかるものがあるのです。

めんどうな人にならないためには、それを探る必要があります。

きちんと相手のことを考える

⚠ 自分を徹底検証してみよう

自分の行動に引っかかりを感じたら、たとえば次のようなことチェックしてみてください。

□どうしてそうしよう（言おう）と思ったのか
□本当に相手のため、みんなのためにいいと思ったのか。自分のためではなかったのか
□そうしないほうがいいとは思わなかったのか
□どういう言い方をしたのか。どのようにふるまったのか
□それに対して、相手の反応はどうだったのか。喜んでくれた、無反応、困ったような顔をした、泣きそうだった、怒った……etc.
□相手のその反応をどう感じたのか
□その相手との付き合いで、その後何か変化はないのか。変化があったのなら、それについてどう思うのか

□そのようにしてみて（言ってみて）、自分はどう思ったのか。して（言って）よかった、相手のためになったと思うのか

このように自分の行動を具体的に検証することで、あなたのなかにある「めんどうな人」の要素があぶり出されます。それを改善していきましょう。

相手に対する嫉妬・羨望、現在の自分や取り巻く環境に対する不満、周囲との過適応、自信の欠如、自分の立場に対する不安……自分の心に歪んだものを感じても、それを否定する必要はありません。

歪んだ感情と、どうすれば上手に付き合っていけるのかを考えればいいでしょう。

アドバイス

- どうしてめんどうな人になったのかを追求する
- 自分のなかの歪んだ感情は否定しなくてもいい

同じ失敗を繰り返さない

客観的な視点でめんどうな人化を阻止

04

何度もめんどうな人にならないために

一度めんどうな人になってしまったからといって、落ち込む必要はありません。原因を探り当て、次からは同じ行動を取らないように気をつければいいのです。何度もめんどうな人にならないための防止策をお教えしましょう。

過去に誰かにとってのめんどうな人になってしまったあなたが、同じ失敗を繰り返さないためには、物事を客観的に見る視点が重要です。

自分のことだけではなく、相手の立場や現在の環境、状況、考え方、価値観

など、もろもろの要素に対して、自分の行動が本当にふさわしいものなのか、相手が本当に欲しているることなのかを判断しなければなりません。

行動する前に相手の立場を考える

たとえば、友人に対して、「恋人もいなくて休日がつまらなそうだから、遊びに誘ってあげよう」と、親切心からあなたが思ったとしても、相手はひとりで過ごすのが好きかもしれません。

また、会社で同僚が重大なミス

を犯したとき、あなたがそれを指摘したとしましょう。もちろん、ミスをそのまま放っておけば、その同僚は会社での居場所がなくなります。

でも、社員全員が注目しているなかでのミスの指摘だと、同僚はかえって恥をかき、困った立場に追い込まれかねません。その場で指摘するのがいいのか、あなたが指摘すべきことなのか、どう伝えるのがいいのかなど、相手の立場を考えたうえで行動に移ってください。

「今度の休日、みんなで出かけるのだけど、あなたもどう？」と相手の意見をうかがってみたり、「さっきミスを見つけたんですけど」と誰もいない場所でこっそり伝えたりと、相手に判断の余地を与える気遣いが大切です。

「相手のために」とか「正しいことをした」というのは、もちろんけっこうなのですが、その場合も客観的に判断する視点を忘れないでください。それを忘れると、再びめんどうな人に陥ってしまうでしょう。

アドバイス

- **何度もめんどうな人になるのを防止するには客観的な視点が有効**
- **相手に判断の余地を与える気遣いが大切**

「絶対」はありえない

05 最終的に「自分は大丈夫」という思い込みをなくす

最後に必ず覚えてほしいこと

本書を最後まで読んでも「自分にはどれも当てはまらない」と自信たっぷりの人がいるかもしれません。ですが、自分自身に対して「あれ?」と疑問を抱くことこそが、めんどうな人に陥らないために大切だと覚えておきましょう。

何度かお話ししているとおり、この世の中に完全な「善人」も、完全な「悪人」も存在しません。「善人」が悪いことをすることもあれば、「悪い人」がいいことをすることもあります。

最後に必ず「自分は大丈夫」の思い込みはポイッ！

誰にとっても、何に対しても、「絶対」は存在しません。

「他人に好意を押しつけたことはない」「他人の支配など考えたこともない」など、「自分は絶対に大丈夫。めんどうな人ではない」と心から信じている人もいると思います。

でも、あなたにそんなつもりはなかったとしても、誰かを傷つけていることはあるのです。

友人に軽口を叩いた、親を怒らせた、彼にうるさがられた……。あなたにとってささいな出来事でも、それが相手にとって人きな問題である可能性は捨てきれません。

他人の心は読めないものです。「自分は大丈夫」と思っているとしたら、それはあなたの思い込みです。

「～であるべき」と考えるのは危険

「自分は○○」という決めつけ、思い込みは危険です。

思い込みは、自分流の固定観念です。自分の凝り固まった判断基準で、「～であるべき」とか「～のはず」などと考えてしまいます。自分がこう思っているのだから、「相手もこう思うべきだ」「こう思っているはず」と。

これでは、「Aさんのためにいいとわたしが思うのだから、Aさんもいいと思うに違いない」という、めんどうな人そのものになってしまいます。

自分についての思い込みが強いと、理想と現実がごっちゃになってしまうことがあります。「自分がなりたい自分」と「現実の自分」の境界線がはっきりせず、いつの間にか、理想と現実が重なってしまいます。「わたしはこうであるはずなのに」が「わたしはこうである」にすりかわるのです。そうなると、めんどうな人そのものです。

本書を最後まで読んだなら

本書では、さまざまなパターンのめんどうな人と、そんなめんどうな人をサラッとかわす方法を述べてきました。

最後に、くれぐれもお願いしたいのは、あなた自身がめんどうな人になってしまわないことです。

それには、本書の内容をしっかりふり返ったうえで、まずは自分を知ることです。いまの自分の気持ちや考え、状況などを、一歩引いた場所から、客観的に眺める視点を持ち続けることが大切です。

アドバイス

- **「自分は大丈夫」「自分は○○」といった思い込みは危険**
- **めんどうな人にならないために、自分を一歩引いた場所から眺める**

[著者プロフィール]

ゆうきゆう

精神科医。ゆうメンタルクリニック総院長。2008年、上野に「ゆうメンタルクリニック」を開院。以後、池袋・新宿・渋谷・秋葉原にも開院し、2014年には皮膚科・美容皮膚科を専科とした「ゆうスキンクリニック」（池袋）を開院。医師業のかたわら、マンガ原作や心理学系サイトの運営なども手がけている。『マンガでわかる心療内科』（少年画報社）、『マンガ はじめての心理学』（西東社）など、著書多数。

めんどうな人をサラッとかわす本

2015年12月1日　第1刷発行

定価（本体1,250円+税）

著　者　ゆうきゆう
発行人　塩見正孝
発行所　株式会社三才ブックス
〒101-0041東京都千代田区神田須田町2-6-5 OS' 85ビル
TEL:03-3255-7995（代表）

印刷・製本　図書印刷株式会社